台商投资法律风险防范及典型案例评析

主　编：肖　冰

副主编：于文婕

东 南 大 学 出 版 社

·南京·

图书在版编目(CIP)数据

台商投资法律风险防范及典型案例评析/肖冰主编. —南京：东南大学出版社，2018.12
ISBN 978-7-5641-7590-0

Ⅰ.①台… Ⅱ.①肖… Ⅲ.①台资企业—投资—金融法—研究—中国 Ⅳ.①D922.280.4

中国版本图书馆 CIP 数据核字(2017)第 325076 号

台商投资法律风险防范及典型案例评析

出版发行：东南大学出版社
社　　址：南京市四牌楼 2 号　邮编：210096
出 版 人：江建中
网　　址：http://www.seupress.com
照　　排：南京星光测绘科技有限公司
经　　销：全国各地新华书店
印　　刷：南京玉河印刷厂
开　　本：700mm×1000mm　1/16
印　　张：12
字　　数：228 千字
版　　次：2018 年 12 月第 1 版
印　　次：2018 年 12 月第 1 次印刷
书　　号：ISBN 978-7-5641-7590-0
定　　价：38.00 元

本社图书若有印装质量问题，请直接与营销部联系。电话：025-83791830

编委会名单

前　言

江苏与台湾有着特殊的历史渊源和紧密的现实联系，两地人员往来频繁，经济联系紧密，文化交流活跃。作为祖国大陆与台湾交流交往最密切、成果最丰硕的地区之一，截至 2017 年底，江苏省累计批准台资项目 2.67 万个，协议利用台资 1 716.46 亿美元，实际到账台资 746.96 亿美元，总投资千万美元以上项目 6 090 个。江苏台商投资、两地贸易等各项指标都在大陆保持领先地位，是台商投资大陆的首选之地。

随着苏台经贸关系的深入发展，客观上也造成了台商台企投诉求助案件数量增多，依法保护台湾同胞在大陆投资的合法权益成为不可忽视的重要问题。近几年，我省台商台企投诉求助案件基本在 500 件以上，长期位于大陆各省市前列。尽管受案量较大，但案件结案率基本稳定，一直保持在 90%左右，全省上下为在苏台商解决了大量民商事纠纷，有力推动了台资企业健康发展。

江苏始终高度重视台胞权益保护工作，全省各级台办不断加强体制机制建设，充分调动各方积极性，扎实深入地开展台商服务工作，维护苏台关系和平稳定发展的良好氛围。各级台办运用法治方式，健全法律顾问团和公职律师队伍，保护台商台企合法权益。省级、市级层面均已设立台湾同胞投资权益保障协调委员会，有力地加强台办与各涉台部门沟通联系，形成涉台矛盾依法协调、部门合力的良好局面。2011 年，江苏省台办与江苏省人民法院共同制定了《关于加强涉台商事案件调处工作的意见》，在全省范围内建立了涉台商事案件的诉调对接机制，开辟了新的涉台纠纷解决渠道。2016 年，江苏省台办和南京仲裁委共同成立江苏涉台仲裁中心，积极引导台胞通过仲裁方式解决涉台经贸纠纷，推动涉台纠纷多元化解决。这些举措都有力地促进了涉台投诉案件的及时妥善处理，打造了江苏良好的投资环境。

尽管如此，由于江苏台商台企数量众多，体量巨大，纠纷类型也日新月异，现有的纠纷协调处理机制难以完全满足台胞快速解决纠纷的需求。主要体现在，一方面，相对于纠纷主体间自主解决问题，以政府部门为主导解决纠纷效率较低;另一方面,现有纠纷协调处理机制属于事后救济,在纠纷数量基数大、增速较快的情况下,不能有效满足需要。因此,有必要从涉台纠纷解决的事前预防机制入手,从源头上减少涉台纠纷的发生。这就是本书从已发生的大量涉台纠纷案例着手,提炼出其中具有典型性、普遍性的法律问题,通过实例评析,提示相关法律风险,并提出其防范策略及建议的原因及目的所在。

党的十九大报告明确指出,推动两岸关系和平发展是对台工作的主要任务,要从为民谋利的高度,率先同台湾同胞分享大陆发展的机遇,扩大两岸经济文化交流合作,实现互利互惠,增进台湾同胞福祉。据此,对于涉台投资纠纷的解决应本着预防在先、救济在后的原则,侧重涉台投资过程中可能存在的法律风险的预先提示,方可有助于台商台企在江苏法治环境中枝繁叶茂;侧重涉台投资法律纠纷的预先防范,而非纠纷发生后的事后救济,方可溯本清源。

本书是对党的十九大报告中关于对台工作要求所作出的积极回应。编委会对于如何服务于台商台企,提示法律风险,引导其合法经营、依法维权,服务于涉台纠纷解决的法律实务,全面深化法治江苏建设,从而进一步服务于对台工作大局,维护江苏良好的投资环境和发展秩序而进行了深入调研与潜心研究。本书以台商台企防控投资法律风险的现实需求为现实导向,以典型案例所反映出的具有普遍性和代表性的问题为问题导向,主要内容共分七个部分:第一部分通过对江苏省大量涉台投资纠纷情况进行梳理,对江苏省台商投资及其法律风险防范的概貌进行了总结与提炼,揭示了台商投资法律风险的主要类型与风险防范的基本对策。第二部分至第七部分则按涉台投资纠纷内容的不同,分别就土地使用权(土地使用权的保护及其取得)、股权(出资与股权变动)、企业经营管理(含货物通关、食品安全、广告宣传、人资管理、生产管理等方面)、合同(主要侧重买卖合同、担保合同和建设工程合同)、知识产权(包括专利权、商标权、著作权、商业秘密)以及仲裁的风险进行了专门的梳理与评析,对相关的法律法规进行了有针对性的详细介绍,并对相应风险的防范提出了有效的法律对策建议。

在理论方面,本书通过梳理江苏省解决涉台投资纠纷的历史沿革,全面总结并说明台商投资风险的概貌和规律性发展趋势,为对台工作理论提供条件;在实务方面,法律风险的归纳及其防范策略的提出来源于大量第一手涉台纠纷案例的分析,针对性、可读性强,可用于台商台企法律宣传,也有利于今后持续追踪新的实例。

对台工作牵引着跨越海峡的同胞亲情，书写着两岸人民合作与发展的历史篇章。在两岸同胞的共同努力下，在社会各界的协同参与下，苏台两地同胞增进了解、融合亲情，深入交流、广泛合作，苏台大交流局面已经全面打开。我们期待，能有更多理论界与实务界人士参与到对台工作中来，共同维护良好的台资投资环境和发展秩序，为两岸关系和平发展贡献更多的力量。

目　　录

第一部分　台商投资及其法律风险

一、台商投资祖国大陆的缘起和发展

（一）台商对大陆投资发展概况

1. 台商对大陆投资缘起与主要发展阶段

20世纪70年代末，大陆进入改革开放的新时期，两岸关系随之缓和，为两岸经贸合作创造了良好的政治环境。台商对大陆的投资也起步于此，至今已有近40年的时间。

纵观台商对大陆投资的近40年时间，两岸经贸发展态势强劲，大批台资企业落户大陆。台商投资大陆也从改革开放初期的秘密投资阶段，在经历了试探性投资阶段和扩张性投资阶段后，发展为现在的大企业和高科技企业投资阶段。[①] 台商投资大陆总体上呈现出稳定发展的态势。

2. 大陆吸收台资现状

根据中华人民共和国商务部的统计，截至2017年9月，大陆累计批准台资项目10.1万个，实际使用台资660.65亿美元。目前，台湾是大陆第二大投资来源地。

3. 台商在江苏省投资情况

台商大规模投资于江苏肇始于上世纪90年代初期，此时，改革开放进入一个新的阶段，位于长三角地区的江苏省，在区位、政治环境、产业基础和社会文化背景等方面都极具优势。台商为寻求新的增长空间，迅速在长三角地区进行扩张，江苏省成为台商投资增长最快、最集中的地区。台商投资主要以苏州市为主，另外，南京市、无锡市、镇江市、常州市、南通市、淮安市也是台商投资的主要城市。

江苏吸引利用台资占大陆台资总量的近1/3，苏台贸易额约占两岸贸易

① 李保明：《两岸经济关系20年》，人民出版社，2007年版，第56—60页。

总额的1/4,江苏台商投资、两地贸易等各项指标持续在大陆保持领先地位。作为大陆与台湾交流交往最密切、成果最丰硕的地区之一,江苏孕育了大陆70%以上的台商企业,已成为台商主要集聚地。①

(二)台商对大陆投资特点

台商对大陆投资呈现两大特点,表现在区位选择和产业分布上。

首先,在区位选择上,上世纪80年代,台商投资以地缘、文化更接近的福建省为主;90年代后对距香港邻近的珠三角地区投资大幅增加;此后,以上海为中心的长三角地区经济发展迅速,台商投资重点也转向这一地区。总体上来讲,台商对大陆投资呈现从南向北、从东向西、从沿海向内地的逐渐转移过程,只是转移的程度与速度各地有所不同。

其次,在产业分布上,台商投资产业层次不断提高,投资范围不断扩大。初期以制鞋、塑胶、纺织、基本金属等传统产业与劳动密集型产业为主,第二波投资则以消费性电子产品、化工、运输工具、建材水泥、玻璃、食品饮料等产业为主,第三波投资则以电脑、电子信息、半导体、精密机械等资本与技术密集行业为主导。除在制造业领域的层次提高外,台商投资范围与领域也不断扩大,涉及房地产及土地成片开发、商业、金融、保险、证券、风险投资、旅游、专业服务、信息广告、医疗、教育、媒体等诸多领域。目前,在法律规定范围内,几乎没有台商不涉及的领域。由此,台商对大陆投资产业的演变,从数量、结构、质量以及区域性等变化趋势角度反映出以下显著特色:制造业占比持续减少、服务业占比持续增加、制造业内部结构趋于高级化、服务业内部结构趋于高端化、同一产业不同区域间差异明显。

二、台商投资相关法律法规与海峡两岸协议

(一)相关法律法规

与台商投资相关的法律、法规主要包括法律保护和法律规制两个方面的内容,分述如下:

---

① 《江苏云集台资项目2.6万多个去年投资逆势增长40%》,中国江苏网—新华日报,最后访问时间2017年5月26日。http://jsnews.jschina.com.cn/jsyw/201705/t20170526_560765.shtml.

1. 法律保护

长期以来，党中央和国务院高度重视保护台湾同胞投资合法权益，将台胞投资合法权益保护工作始终摆在对台工作的重要位置上。各部门各地方依法行政，积极采取措施，不断加强保护台湾同胞投资合法权益工作。自1988年国务院颁布《国务院关于鼓励台湾同胞投资的规定》以来，30年间，大陆颁布了大量保护台湾同胞投资及其合法权益的法律文件，不断提升对台商投资保护的法律层级，为台胞权益保护工作提供了强有力的法制保障。具体而言，鼓励和保护台商投资的法律，首先是《台湾同胞投资保护法》(2016修正)及其实施细则和《国务院关于鼓励台湾同胞投资的规定》等专门规范；其次是参照适用的外商投资企业法、《指导外商投资方向规定》等涉外经济法律、行政法规的特别规定；再次，《公司法》(2018修正)、《民法总则》、《合同法》等基本法律、法规也对台商投资提供一般法的共性保护。

江苏省作为台商投资集中的省份，十分重视对台商投资的法律保护。2012年9月，江苏省人大常委会根据《台湾同胞投资保护法》(2016修正)等有关法律和行政法规，结合本省实际情况，通过并颁布了《江苏省保护和促进台湾同胞投资条例》，同年12月31日起实施。该条例是《海峡两岸投资保护和促进协议》(以下简称"投保协议")签署后大陆出台的第一个相关地方性法规。

2. 对台商投资的法律规制

在鼓励台商对大陆投资，为台商提供良好的投资待遇和投资环境的同时，台商投资也应当受到大陆法律、法规的管辖和规制。长期以来，大陆对台商投资的法律规制，主要参照适用外资法律、法规。

目前，我国尚未制定统一的外资法典或外国投资法，而是由各种专项立法及相关的单行法律、法规互相联系综合而形成的一个外国投资法体系，自上而下表现为三个层次：包括有关外资立法的宪法性规定，这是第一个层次也是最高层次，是我国其他一切有关外资立法的法律依据；国家单行法律、法规是第二层次，包括关于外商投资的专项法律、法规[①]，与外商投资相关的法律、法规，以及其他部门法律[②]；第三层次立法是地区性法规，作为国家外资法在地方的具体化和补充，这一层次的立法更好地把全国整体利益与地方局

① 如《外资企业法》(2016修正)、《中外合资经营企业法》(2016修正)、《中外合作经营企业法》(2017修正)(以下合称为"三资企业法")、《海关法》(2017修正)等。

② 如《公司法》(2018修正)、《合同法》等。

部利益统一起来，能更加切实有效发挥国家法律的效用。①

祖国大陆关于台商投资法律、行政法规的制度体系，大致如下表所示：②

	名　　称
法律	《宪法》(2018 修正)
	《反分裂国家法》
	《台湾同胞投资保护法》(2016 修正)
	《中外合资经营企业法》(2016 修正)
	《中外合作经营企业法》(2017 修正)
	《外资企业法》(2016 修正)
	《合同法》
	《公司法》(2018 修正)
	《证券法》(2014 修正)
	《海关法》(2017 修正)
	《涉外民事关系法律适用法》
行政法规	《台湾同胞投资保护法实施细则》
	《中外合资经营企业法实施条例》(2014 修订)
	《中外合作经营企业法实施细则》(2017 第二次修订)
	《外资企业法实施细则》(2014 修订)
	《指导外商投资方向规定》
部委规章	《自由贸易试验区外商投资准入特别管理措施(负面清单)》(2018 版)
	《台湾投资者经第三地转投资认定暂行办法》
	《外商投资产业指导目录》(2017 修订)③
	《中西部地区外商投资优势产业目录》(2017 修订)
	《外商投资企业设立及变更备案管理暂行办法》(2018 修正)

① 参见肖冰主编:《国际经济法学》(第二版),科学出版社,2012 年版。

② 本表格主要反映相关法律层次与类别,其中法律、法规均为不完全列举。以下表格也是如此。

③ 其中的外商投资准入负面清单已于 2018 年修订为《外商投资准入特别管理措施(负面清单)》(2018 版),单独发布。2018 年版负面清单采用表格形式,根据《国民经济行业分类》(GB/T 4754—2017)进行了分类,大幅度放宽市场准入,清单长度由 63 条减至 48 条,共在 22 个领域推出开放措施。

续表

	名　称
部委规章	《外商投资项目核准和备案管理办法》(2014 修正)
	《外商投资企业境内投资的暂行规定》(2015 修正)
司法解释	《最高人民法院关于涉台民事诉讼文书送达的若干规定》
	《最高人民法院关于审理涉台民商事案件法律适用问题的规定》
	《最高人民法院关于审理外商投资企业纠纷案件若干问题的规定(一)》
	《最高人民法院关于适用〈中华人民共和国涉外民事关系法律适用法〉若干问题的解释(一)》
	《最高人民检察院关于严格执行〈全国人大常委会关于严惩组织、运送他人偷越国(边)境犯罪的补充规定〉和〈台湾同胞投资保护法〉的通知》
地方法规	《江苏省保护和促进台湾同胞投资条例》

具体适用上,举例而言,根据三资企业法和《台湾同胞投资保护法》(2016修正)的规定,举办台湾同胞投资企业,应当符合国家的产业政策,有利于国民经济的发展。这一规定是台商投资范围的准则性规定。2002 年 4 月 1 日起施行的《指导外商投资方向规定》指出,本规定适用于我国境内投资举办的合营企业、合作企业和外资企业(以下简称"外商投资企业")的项目以及其他形式的外商投资项目(以下简称"外商投资项目")。《外商投资产业指导目录(2017 修订)》、《中西部地区外商投资优势产业目录(2017 修订)》是现行指导审批外商投资项目和外商投资企业适用有关政策的主要依据。外商投资项目分为鼓励、允许、限制和禁止四类。鼓励、限制和禁止三类有具体的规定,其他未规定的为允许类。

总体上,与外资准入一样,台商投资大陆的准入政策越来越放宽。《外商投资产业指导目录》(2017 修订)采用了外商投资准入负面清单模式。依其规定,外商投资准入特别管理措施(外商投资准入负面清单)统一列出股权要求、高管要求等外商投资准入方面的限制性措施。境外投资者不得从事外商投资准入特别管理措施(外商投资准入负面清单)中的禁止类项目;从事限制类有外资比例要求的项目,不得设立外商投资合伙企业。鼓励外商投资产业目录与外商投资准入特别管理措施(外商投资准入负面清单)重合的条目,享受鼓励类政策,同时须遵循相关准入规定。另外,《海峡两岸经济合作框架协议》及其后续协议(《投保协议》)另有规定的,从其规定。境外服务提供者在中国境内提供新闻、文化服务(包括与互联网相关的新闻、文化服务),须履行相关审批和安全评估、高管要求的，按照现行相关规定执行。

(二) 海峡两岸协议

1. 海峡两岸协议基本情况

改革开放以来，两岸间的人员往来和经济、文化交流随之发展起来，台湾和祖国大陆先后分别成立“海基会”和“海协会”(以下简称“两岸两会”)。自两岸两会达成“九二共识”以来，两岸两会会长通过会谈的方式达成了包括《汪辜会谈共同协议》等在内的多项海峡两岸合作协议，为两岸经贸交流、和平发展作出重要贡献。

根据不完全统计，两岸两会达成的主要协议如下表所示：

协议签订时间	协 议 名 称
1993 年 4 月	《汪辜会谈共同协议》
	《两会联系与会谈制度协议》
	《两岸公证书使用查证协议》
	《两岸挂号函件查询、补偿事宜协议》
2008 年 6 月	《海峡两岸包机会谈纪要》
	《海峡两岸关于大陆居民赴台湾旅游协议》
2009 年 4 月	《海峡两岸空运补充协议》
	《海峡两岸金融合作协议》
	《海峡两岸共同打击犯罪及司法互助协议》
2009 年 12 月	《海峡两岸渔船船员劳务合作协议》
	《海峡两岸农产品检疫检验合作协议》
	《海峡两岸标准计量检验认证合作协议》
2010 年 6 月	《海峡两岸经济合作框架协议》(ECFA)
	《海峡两岸知识产权保护合作协议》
2010 年 12 月	《海峡两岸医药卫生合作协议》
2011 年 10 月	《海峡两岸核电安全合作协议》
2012 年 8 月	《海峡两岸投资保护和促进协议》
	《海峡两岸海关合作协议》
2013 年 6 月	《海峡两岸服务贸易协议》
2014 年 2 月	《海峡两岸气象合作协议》
	《海峡两岸地震监测合作协议》
2015 年 8 月	《海峡两岸避免双重课税及加强税务合作协议》
	《海峡两岸民航飞行安全与适航合作协议》

2.《海峡两岸投资保护和促进协议》基本内容

2012年8月，两岸两会领导人第八次会谈签署了《投保协议》，从而开启了两岸双向投资流动的法制化路径。《投保协议》的签署，是两岸继ECFA后经贸合作制度化中的又一个里程碑，对于推动创造公平的投资环境，促进和深化两岸的投资与合作，增进两岸经济繁荣有着积极影响和深远意义。

《投保协议》共十八条，由正文和附件两部分组成。正文实体规定主要包括投资或投资者等定义(第1条)、适用范围和例外(第2条)、投资待遇(第3条)、透明度(第4条)、减少投资限制(第5条)、投资便利化(第6条)、征收和损失补偿(第7、8条)、代位(第9条)、转移(第10条)、拒绝授予利益(第11条)、争端解决(第12—14条)、联系机制(第15条)以及文书格式(第16条)。附件内容是根据正文第13.1.4条设计的《投资补偿争端调解程序》，共六条内容。

《投保协议》相对于一般的投资保护协议(以下简称"一般BIT")，根据两岸的实际情况，进行了一些特殊的制度设计。这种特殊性主要表现在三个方面：其一，有效保护。一方面遵循一般BIT的体例设置相应条款，体现投资保护的传统内容；另一方面注重两岸现实需要，增强协议的可操作性，针对投资者经第三地投资、人身保护、投资者与所在地一方的争端解决等问题，作出了符合两岸特色的灵活处理和适当安排。其二，双向促进。大陆资本赴台投资自2009年6月启动至今，时间较短，尚处于起步阶段，该协议尽可能体现了相互促进投资的原则，达到权利、义务的平衡。其三、减少限制，按照ECFA第5条的规定，《投保协议》文本中明确规定了投资待遇、投资便利化、减少投资限制的条款，真正体现促进双向投资的目的。①

具体到规范层面，与一般BIT的常规规范相比，《投保协议》具有显著个性特征的规范主要是以下两大类：体现保护水平的规范和确定争端解决方式的规范，如下表②所示：

① 肖冰：《论〈海峡两岸投资保护和促进协议〉实施中的个性问题》，《东南大学学报(哲学社会科学版)》，2014年第6期。

② 肖冰：《论〈海峡两岸投资保护和促进协议〉实施中的个性问题》，《东南大学学报(哲学社会科学版)》，2014年第6期。

项目			《投保协议》	一般 BIT
保护水平	投资者定义条款		缔约方自然人或企业实体+特定的第三方实体	缔约方自然人或企业实体
	适用范围条款之溯及力		适用于已发生但未解决的投资争端(部分溯及)	仅德国范本溯及,其他均不溯及
	投资待遇条款	保护对象	投资者及其投资的安全+投资者及相关人员的人身自由与安全	投资者及其投资安全,均未特别规定人身自由和安全保障
		祖父条款及其适用范围	有,适用于国民待遇和最惠国待遇条款	德国和法国无此条款。有此条款的,多只适用于国民待遇,仅美国范本适用于最惠国待遇
	透明度条款之更新已公布措施的变化要求		有更新要求	或无透明度条款,或有此条款但无更新要求
	征收条款之间接征收界定要素		经济影响、歧视、干预合理期待、善意并出于公共利益且措施与目的符合比例原则	或无规定,或仅规定为经济影响、干预合理期待、政府行为的性质和目的
争端解决	缔约方之间的争端		ECFA 第 10 条(磋商,并尽速达成协议;上述争端解决协议生效前,应由双方通过协商解决,或由根据 ECFA 第 11 条设立的“两岸经济合作委员会”以适当方式加以解决)	协商与谈判,六个月后仲裁(按协议约定规则,除非双方另有约定)
	投资者与投资所在地一方的争端	解决方式	协商,地方协商机制协调,投资争端协处机制协助解决,两岸投资争端解决机制调解(适用于投资补偿争端),行政复议或司法程序	协商(含行政复议)或诉讼,四个月或六个月后可提交国际仲裁
		解决程序	相关协调解决机构之规定程序	ICSID(含 AFD),UNCITRAL 或双方同意的其他规则
	投资商事争端(投资者与投资所在地一方私主体之间的争议)		约定仲裁;如未约定,可在争议发生后协商提交仲裁。可约定或在争议发生后协商提交两岸的仲裁机构和双方同意的仲裁地点	无专门规定

三、台商投资纠纷处理

(一) 纠纷处理概况

1. 全国

根据国台办投诉协调局统计,国台办直接受理台商投诉、求助案件已逐年下降;全国各地台办接案量有升有降,但各地结案率一直保持高位。以2011到2013年为例,江苏、浙江、广东、重庆等省市接案量上升,天津、河北等地持平,北京、上海、福建、山东等省市下降,但这些省市的结案率却无一例外均达90%以上。此外,台商投诉的土地和司法类案件不断减少,显见在保护台商权益方面卓有成效。台商投资经贸纠纷(不包括刑事、行政和普通求助案件)总量持平,结案率高。另外,涉台大案积案依法妥善解决,包括远东百货成都、大连店租赁纠纷案在内的大量积案都完成了和解。

从办理情况看,台商投资纠纷的处理目前呈现三个特点:一是受案量总体下降,改变了过去长期存在的案件越办越多的情况;二是结案率不断提高;三是大案、积案调处再创佳绩,结案量不断上升。

2. 江苏省

江苏省作为台商在大陆投资的大省,面临的涉台权益保护案件数量相对较多。根据江苏省台办涉台权益保护案件的数据统计与分析,江苏省台商投资纠纷及其处理的主要特点,一是受理案件数量大,包括司法案件和非司法案件;二是结案率基本保持在90%左右。其中,司法案件的结案率远低于非司法案件的结案率,也低于综合结案率。实际上,司法案件在台商投诉、求助案件中并非主流,很多案件通过协商方式处理,因而在矛盾激化前已得以化解,省时省事。而且,台商投诉案件数量虽然逐年增长,但结案率并没有因此而下降,一直保持稳定且较高的结案率水平。这在很大程度上反映了江苏省台办等涉台机构在提高办事效率,切实解决台商困难方面的努力工作与良好成效。

土地纠纷是台商投资类案件的主要类型,但江苏处理此类纠纷有自己的特色。2011年7月以前,据江苏省国土资源管理部门统计的涉台土地投诉案件为11件;2015年,江苏省台办共收到涉台土地投诉15件;2016年,江苏省台办共收到涉台土地投诉7件。数据显示,江苏省国土资源部门和江苏省台办收到的台商土地投诉数量不多，这主要得益于江苏省各地方国土资源局的有利政策。例如，苏州昆山市国土资源局，政策上，专门建立分片包干联系制度，出台重大项目用地跟踪服务具体措施；在依法行政上，不断提高行政审批效率，2009 年压缩 102 个工作日，提速 27.7%，2010 年再次压缩办案时间 42 个工作日，提速 14.38%。宿迁市国土资源局主动走访台资企业，聘请台商担任该局行风监督员，及时听取台资企业意见。泰州建立了台资企业用地审批"绿色通道"。南通市要求对涉台土地投诉做到"三快"，即快受理、快办理、快反馈。镇江市对涉台土地投诉案件，国土资源局主要领导亲自批办。

(二) 纠纷类型

根据不同标准，可以将台商投资纠纷划分为以下类型：

1. 根据纠纷主体，台商投资纠纷可分为私主体之间(P－P)，台商投资者与投资所在地政府之间(P－G)以及两岸政府之间(G－G)三种投资纠纷。私主体之间的投资纠纷主要是指台商投资者在大陆进行诸如设立合营企业、收购当地企业、签订合作协议等投资活动中与其他私主体之间产生的纠纷，一般涉及合同的有效性、投资方式、投资资金、经营决策管理、技术转让、股权转让和利润分配等纷争。P－P 争端属于平等主体之间的民商事争议。根据"海基会"2010 年统计，过去 20 多年来，台商在大陆发生的经贸纠纷有 65% 为 P－P 争端。台商投资者与投资所在地政府之间的投资纠纷一般是指投资所在地政府部门或主管机关在实施行政管理或监督职能活动中与台商投资者之间产生的纠纷，一般涉及行政审批、土地划拨、征收及补偿等问题；在两岸《投保协议》中，特指一方投资者主张另一方相关部门或机构违反本协议规定的义务，致该投资者受到损失所产生的争端。P－G 争端属于不平等的行政机关与行政相对人之间的行政争议。两岸政府之间的投资纠纷，在《投保协议》中是指"双方关于本协议解释、实施和适用的争端"，应依 ECFA 第 10 条规定解决。

2. 根据纠纷内容，台商投资纠纷主要有：(1) 土地使用权纠纷，主要包括土地使用权的取得、租赁及承包，土地投资开发、使用，土地及其地上建筑物的征收征用及补偿等纠纷；(2) 台商或台资企业在生产、经营过程中产生的纠纷；(3) 股权纠纷，主要包括隐名投资、股权及股东资格确认、股权转让等；(4) 环境保护纠纷；(5) 合同纠纷，如买卖合同、借贷合同、担保合同等纠纷；(6) 建设工程纠纷，涉及工程款收付、工程质量等；(7) 知识产权纠纷，涉及商标侵权等。

3. 根据纠纷解决方式，台商投资纠纷可分为司法（诉讼）纠纷和非司法纠纷。前者主要包括民事、刑事和行政等不同性质的诉讼；后者主要包括仲裁、民间调解、行政协处和单纯求助等。

四、台商投资纠纷解决机制及其运行状况

台商投资纠纷解决机制不仅包括大陆法制体系下的传统争端解决方式，即诉讼、仲裁、协调等，还包括两岸《投保协议》中引入的投资者与投资所在地一方政府的投资争端协调、协处和调解等多元化机制。

（一）投资争端解决机制概况

如前所述，两岸投资所涉 G－G 争端，一般采用谈判等政治方式解决，在此不予详述。P－P 争端属于民商事纠纷，大多采用传统争端解决机制，如诉讼、仲裁和调解等予以处理。P－G 争端则既有传统法律体制下的争端解决机制，也有两岸《投保协议》所规定多元解决机制可供选择。

1. P－P 争端解决机制

（1）诉讼

民事诉讼是解决此类争端的传统法律机制。如前所述，台商在大陆投资受到大陆法律管理与规制，因此，在大陆台商或台资企业与大陆自然人、法人或其他经济组织发生投资纠纷时，根据属地和属人原则，大陆人民法院拥有专属管辖权，即应参照《民事诉讼法》（2017 修正）第 266 条的规定："因在中华人民共和国履行中外合资经营企业合同、中外合作经营企业合同、中外合作勘探开发自然资源合同发生纠纷提起的诉讼，由中华人民共和国人民法院管辖。"台湾地区居民在起诉、应诉、举证、质证、申请财产保全、提出上诉、申请执行等方面与大陆居民享有平等的诉讼权利义务。

（2）仲裁

仲裁一般是当事人根据他们之间订立的仲裁协议，自愿将其争议提交由非司法机构的仲裁员组成的仲裁庭进行裁判，并受该裁判约束的争端解决机制。两岸《投保协议》规定，一方投资者与另一方自然人、法人或其他组织订立商事合同时，可就有关投资所产生的商事争议订立仲裁条款。如未订立仲裁条款，可于争议发生后协商提交仲裁解决；商事合同当事人可依据相关规

定申请仲裁裁决的认可与执行。

关于仲裁机构和仲裁地点的选择，1988 年国务院《关于鼓励台湾同胞投资的规定》第 20.2 条规定为“提交大陆或香港的仲裁机构仲裁”；1999 年《台湾同胞投资保护法实施细则》第 29.2 条扩大规定为“提交中国的仲裁机构仲裁”，包括但不限于大陆和香港的仲裁机构。该《细则》同时规定：“大陆的仲裁机构可以按照国家有关规定聘请台湾同胞担任仲裁员。”2012 年两岸《投保协议》则进一步规定：“商事争议的当事双方可选择两岸的仲裁机构及当事双方同意的仲裁地点。”《投保协议》的规定与《台湾同胞投资保护法实施细则》“中国的仲裁机构”保持相符，此处“两岸的仲裁机构”应等同于“两岸四地的仲裁机构”。

(3) 行政协调

台商投资争端协调机制是一种行政主导的投资争端解决方式，争端当事方经协调后达成的协议本身没有强制执行力，有待于当事人的自愿履行或人民法院的司法确认。国台办以及各地方台办是处理台商投资纠纷的主要协调机关，通过调解、协商等手段积极、有效化解纠纷。

2. P－G 争端解决机制

两岸《投保协议》第 13 条规定了解决此类争端的五种方式，即双方友好协商、投资所在地或其上级的协调、两岸投资工作小组协处、投资补偿争端之两岸投资争端解决机构调解，以及投资所在地行政复议或司法程序。其中，双方友好协商、由投资所在地或其上级的协调机构协调解决和行政复议或司法程序与前述投资者之间争端解决方式中的协商、协调、诉讼相类似，兹不赘述，以下简要介绍协处和投资补偿调解两种机制。

(1) 协处机制

《投保协议》第 13.1.3 条规定：P－G 争端依照第 15 条所设投资争端协处机制协助解决。该协议第 15 条明确，由两岸经济合作委员会投资工作小组建立联系与相应的投资争端协处工作机制，协助处理 P－G 争端，并相互通报处理情况。实际上，协处机制一直是两岸解决此类争端依赖的最主要方式，也是《投保协议》在台湾地区执行的最大亮点。① 据台湾相关主管机构的统计和介绍，提交协处的，90％以上为中小企业案件。

---

① 在台湾行政机构“大陆委员会”每个月定期更新并发布的《两岸协议执行成效》中，由《两岸投保协议》执行主管机构——“经济部投资业务处”编制的《两岸投保协议篇》，除背景介绍外，几乎所有篇幅都着墨于协处机制的运作及其成效上。

(2) 投资争端补偿调解机制

《投保协议》针对投资者与投资所在地一方的投资补偿争端，专门创设了具有两岸特色的、由两岸投资争端解决机构主持下的投资补偿争端调解机制。协议对两岸投资争端解决机构的指定、调解原则、调解程序等进行了规定。

"两岸投资争端解决机构"专指《两岸投保协议》生效后，经双方确认并书面通知的仲裁机构、调解中心及其他调解机构。大陆共有 14 家，包括国际贸易促进委员会(大陆贸促会)调解中心以及福建、浙江、广东、湖南、陕西、厦门等 6 个下属调解中心，贸易仲裁委员会投资争端解决中心及上海、西南、华南、江苏、山东、湖北等 6 个下属办事处；台湾共有 3 家，包括中华仲裁协会、中华工程仲裁协会、台湾营建仲裁协会。

《投保协议》下的"投资补偿争端调解机制"，顾名思义，只适用于"投资补偿争端"，而不适用于其他投资争端。该调解机制是在"一国两制"的基本政策方针下，针对一个国家内部存在两个相互独立经济体的特殊情况而创设的特殊争端解决制度。

(二) 争端解决机制在江苏的运行状况

1. 司法保障

江苏省法院系统坚持平等保护，严格执行民事程序法、实体法的各项规定，认真落实法律规定当事人依法享有的各项诉讼权利，增强台商对大陆司法的认同感。江苏法院系统积极创新调解工作机制，南京、苏州及昆山等地法院探索与台办建立诉调对接机制，通过发挥台办以及台商投诉协调中心、台商协会等机构的积极作用，妥善化解台商投资纠纷。

根据江苏省台办的统计数据，2007 年至 2016 年间，江苏省涉台司法案件受案量不断增加，案件的结案率几乎没有受到很大的影响，结案率均保持在 80%。这与江苏法院为维护台商权利所采取的一系列措施密不可分。

2. 涉台仲裁中心

2016 年，江苏省台办和南京仲裁委共同成立江苏涉台仲裁中心，在全国省级层面尚属首例。中心主要以仲裁、调解及其他非诉讼方式，解决当事人的民商事合同及其他权益纠纷。涉台仲裁中心组建了专门的涉台仲裁员队伍，主要由海峡两岸法律实务工作和研究对台事务的专家组成，其中包括 10 名台籍仲裁员。涉台案件交由仲裁中心受理后，仲裁庭依照法定程序独立审理，仲裁裁决在两岸均可依法得到认可和执行。

考虑到台湾的商事习惯，涉台仲裁中心还就涉台仲裁作出了特别规定：涉台程序中当事人可约定仲裁地、当事人可选择适用仲裁规则、开放仲裁员名单、可以追加其他当事人进入仲裁程序以及友好仲裁等，以确保台商的合法投资权益，促进两岸特别是苏台两地经贸关系的有序融合发展。

苏州是台商在江苏最集中的地区，苏州现有台商投资纠纷解决机制及其有效运行也最具有代表意义。其纠纷解决包括政府渠道、商协会渠道以及司法和准司法途径。政府渠道主要是通过台办、商务局等政府部门进行协调和调解。商协会渠道主要指苏州各级外商投资企业协会和台湾同胞投资企业协会参与纠纷调处。司法和准司法途径是指常规司法诉讼或仲裁解决方式。苏州台资企业一般选择的仲裁机构包括中国国际经济贸易仲裁委员会(CIETAC)、上海国际经济贸易仲裁委员会(SHIAC)和苏州仲裁委员会(苏州涉台仲裁中心)。

2010 年，最高人民法院决定在江苏、天津、福建、广东等台商比较集中的地方设立专门的涉台案件审判庭或合议庭；最高人民法院在苏州还专门设立了最高人民法院涉外、涉港澳台民商事审判调研基地。2011 年，昆山法院积极创新涉台审判工作机制，成立了江苏首家“涉台案件合议庭”，并与台协会巴城分会、张浦分会、玉山分会建立和谐共建联系点，并成立了全省首家基层法院“台湾事务办公室”。2013 年，苏州市台办和苏州仲裁委员会专为解决涉台民商事纠纷而联合设立苏州涉台仲裁中心，这也是江苏省内首个涉台仲裁中心。

五、台商投资法律风险的主要类型

台商在大陆进行投资的近 40 年时间里，大陆保护台商的法律制度不断完善，协助台商解决纠纷的政府部门、机构的职能也不断加强。但不可否认的是，台商投资过程中仍存在很多问题，商业风险和法律风险均在所难免。增强必要的风险意识并加有效管理，是台商在大陆投资并保护自身合法权益的重要课题。以下将从台商投资行为本身、台商纠纷解决机制、两岸法律制度及司法协助等四个方面概括例举台商在大陆投资的主要风险类型。

（一）台商投资过程中的主要风险

1. “隐名投资”问题

“隐名投资”是指企业实际出资人出于各种原因不愿意将自己登记为公司股东，而委托他人代为持股的现象。对于台商投资大陆而言，因历史原因和两岸政治现实，“隐名投资”十分普遍，多采取经第三地转投资或委托他人代理等隐名方式在大陆进行投资，造成实际出资人和公司登记股东（显名股东）不一致，并由此产生大量纠纷。“隐名投资”既会给甄别台资并实施鼓励政策增加难度，又埋下较多的纠纷隐患。台商因“隐名投资”引发的纠纷涉及的问题多种多样，包括但并不限于退伙纠纷、股权确认、股东资格确认、投资协议效力及投资行为的效力等。

长期以来，由于没有《公司法》的明确规定，法院对“隐名投资”及法律后果的认识存在分歧，此类纠纷处理的结果往往不尽如人意。《最高人民法院关于适用〈中华人民共和国公司法〉若干问题的规定（三）》（2014 修正）（以下简称“《公司法司法解释（三）》（2014 修正）”）和 2013 年商务部、国务院台办实施的《台湾投资者经第三地转投资认定暂行办法》，虽然对于股权代持合同效力和台资企业身份认定提供了明确依据，也有效解决了既往司法含混问题，但“隐名投资”仍存大量法律风险，包括但不限于：不能对抗善意第三人；“显名化”实现过程中可能遭致其他股东阻碍；发生纠纷时的举证困难等。

2. 土地纠纷问题

如前所述，土地问题是引发台商投资纠纷的一个重要因素。原因是多方面的，既有历史遗留问题，也有国家宏观调控政策和供地政策的变迁等因素，还有台商对大陆政策认识方面的偏差，以及对征地拆迁补偿的预期过高等原因。

正确认识并妥善处理台商、台资企业土地使用问题，是保护台商合法权益的重点之一。以江苏为例，台资企业用地问题大致集中于以下六种情形：

（1）由于历史遗留的长期占用土地而未取得权证的问题。这主要集中于投资乡镇的台资企业，一般表现为台资企业以土地租赁的形式运营，长期占用土地，将来容易滋生矛盾，特别是遇到规划调整、拆迁时，纠纷就浮出水面。

（2）早期因地方政府或土地管理部门审批不规范产生的问题。近年审批权限规范后，这类矛盾已经很少出现，因而现有纠纷多数也是先前的遗留问题。

(3) 涉及规划调整产生的问题。在目前台资企业土地使用纠纷中,这类问题突出表现在两方面:一是项目受到开发区或村镇区域建设规划的调整,原先批准或签署协议的地块无法批准;二是由于规划功能的重新布局,在企业搬迁、补偿上存在争议。

(4) 台商、台资企业自身原因引起的问题。主要表现为:有些台商资金准备不足,未能及时开发建设;有些台商擅自改变土地使用用途;甚至还有台商办证以后不明原因消失,导致无法联系。

(5) 国家土地使用政策及其实施中产生的问题。近年来,国家加大了土地的使用控制力度,在用地指标、强度等方面采取限制措施,但一些地方政府在招商引资过程中,仍作不实承诺因而导致无法办理有效土地使用权证。

(6) 不同性质土地转化引发的问题。突出表现为,因不符合法律规定,农业用地无法转成台资企业需要的工业用地或划拨国有土地无法转化成商业开发用地而引起的纠纷。

(二) 投资争端解决机制存在的缺陷

现有投资争端解决机制,包括《投保协议》确定的协处、投资补偿争端调解创新机制等,均对解决台商投资争端发挥了巨大作用,但不可否认,任何一种争端解决机制也都利弊兼具,并由此产生相应的法律风险。

1. P-G 争端的解决方式尚不够明确

如前所述,《投保协议》第 13.1 条针对 P-G 争端规定了包括友好协商在内的五种争端解决方式,但其一,这些解决方式之间的关系并不明确;①其二,就投资补偿争端而言,《投保协议》实施后,虽然两岸分别指定了有资质的独立第三方组成“两岸投资争端解决机构”,但因对于调解庭组建方式等具体操作规范无法形成进一步的共识,该机制至今未能实际运行。

2. 可能的实施障碍

仍以《投保协议》规定的争端解决机制为例,一方面,协处机制高度依赖两岸公权力机构之间的配合,因而难免受到两岸不稳定的政治关系的影响;另一方面,投资补偿争端调解机制由两岸投资争端解决机构主持,但该机构

① 罗剑雯:《评〈海峡两岸投资保护和促进协议〉中的争端解决机制》,《武汉大学学报》,2014 年第 2 期。

既非司法机关或其他公权力部门，也不具备仲裁权限，只是两岸指定的以调解方式处理投资补偿争端的民间组织。《投保协议》附件二“调解成立”第（三）款规定，调解协议的执行完全依赖于执行地一方的规定。如此，其所作出的调解协议的法律效力与强制执行均可能因为双方不同的认识而存在实施障碍。更何况，《投保协议》作为两岸主管单位授权的民间组织签订的协议，本身并不具备“条约”功效，亦无法直接规定调解协议的法律效力。①

3. 两岸法律体制的差异

《投保协议》有关争端解决机制的规定较多使用“依相关规定”的表述，一方面，其规定本身即具有模糊之处；另一方面，两岸法律体制，从实体到程序都存在较大的制度差异，台商投资纠纷解决过程中还涉及复杂的法律适用问题，因而争端解决及其后果都具有较大的不确定性，因而难免偏离台商的预期。

六、台商投资法律风险防范的基本对策

（一）增强风险和法律意识

鉴于上述问题，在投资过程中，台商增强自身风险意识，提高对大陆法律、政策的认知水平并采取有效的防范措施是十分必要的。除在投资各个环节，严格遵守法律、法规规定，采取规范管理外，还应就投资所在地的法律环境、政策执行水平和交易相对方的诚信、履约能力进行全面评估。

当然，大陆各级政府在开展进行涉台投资工作时，也应严格依法办事，做到规范、守信，以最大限度地避免不必要的纠纷。具体而言，一是主动服务，各地涉台部门或机构应主动到台资企业走访，及时听取台资企业的意见。二是加大法律、法规和政策的宣传力度，加强与台商的协调、沟通。三是提高工作效率，政府部门应不断提升行政审批速度，及时办理、及时反馈、限时结案。

（二）合理选择与完善争端解决方式

对台商投资者而言，衡量不同争端解决方式的时间、经济成本与处理结

① 参见陈国猛，许荣锟：《两岸投资争端解决机制所作调解协议的执行保障模式及其构建》，《海峡法学》，2014 年 12 月。

果方面可能的利弊得失，既为及时解决争端、最大限度减少损失所必需，也是提高企业经营管理水平、增强企业竞争力的重要手段。发生纠纷时，寻求具有涉外、涉台专业法律服务经验的律师事务所或相关机构的帮助无疑是一种有效的途径。

与此同时，对于前述《投保协议》所涉调解机制的效力和执行问题，从促进台商投资和保护其合法权益出发，大陆立法或司法机关也可采取一些行之有效的方式加以澄清或解决。可行的路径之一，是经人民法院进行司法确认。可参考《关于人民调解协议司法确认程序的若干规定》设计相应的对两岸投资争端解决机构所作调解协议的司法确认程序。或者由最高人民法院作出司法解释，明确两岸投资补偿争端调解协议具有类似于合同的法律效力，经人民法院进行法律审查并予以司法确认后，赋予其强制执行力。

（三）加强两岸司法协作

两岸法律体制差异非台商自力可以克服，因而有赖于两岸公权力之间的合作与协调，特别是司法协助。在这方面，可以充分借鉴内地与港澳在司法协助方面的成功经验，在去国际化的前提下，吸收成熟的国际、国内成果，扩展《投保协议》及其附件中关于争端解决机制方面的内容。例如，在协议选择法院方面，可以参照 2005 年海牙国际私法会议制定的《关于法院选择协议的公约》，以及 2008 年《关于内地与香港特别行政区法院相互认可和执行当事人协议管辖的民商事案件判决的安排》，明确当事人在“投资商事争议”方面协议选择法院的权利；在相互认可与执行仲裁裁决方面，可参照 1958 年联合国制定的《承认及执行外国仲裁裁决公约》（即“纽约公约”），以及 2000 年最高人民法院《关于内地与香港特别行政区相互执行仲裁裁决的安排》、2008 年最高人民法院《关于内地与澳门特别行政区相互认可和执行仲裁裁决的安排》，明确当事人在仲裁裁决认可与执行方面的条件与程序。①

① 参见罗剑雯：《评〈海峡两岸投资保护和促进协议〉中的争端解决机制》，《武汉大学学报》，2014 年第 2 期。

第二部分　土地使用权所涉法律风险及其防范

一、土地使用权及其法律制度概述

（一）台商投资与土地使用权

土地使用权是指使用人根据法律、文件、合同的规定，在法律允许的范围内，对国家或集体所有的土地，享有占有、使用、收益以及部分处分的权利。土地使用权涉及台商投资企业的设立等问题，是台商来大陆投资时考虑的一项重要因素。首先，土地使用权具有固定安置功能，台企设立，没有自己的土地，很难持久而长远地生存与发展。其次，土地使用权具有商业化的增值功能，土地作为非常重要且不可替代的资源，无论是土地上的附着物抑或是土地本身均具有客观的商业化增值功能。正因台商投资与土地使用联系密切，所以我国十分重视对台商投资中所涉土地使用权的保护。

（二）土地使用权的法律保护

目前，关于土地使用权的法律保护，包括土地使用权取得、土地投资开发使用以及土地征收等，我国已经形成了包括法律、行政法规、部门规章、地方性法规在内的等级分明，相互协调又有机统一的法律体系。

首先，《宪法》（2018 修正）作为国家根本大法，在确立国家基本经济制度的同时，第 10 条对土地所有权归属、土地使用权变更等进行了纲领性的规定。依其规定：城市的土地属于国家所有。农村和城市郊区的土地，除由法律规定属于国家所有的以外，属于集体所有；宅基地和自留地、自留山，也属于集体所有。国家为了公共利益的需要，可以依照法律规定对土地实行征收或者征用并给予补偿。任何组织或者个人不得侵占、买卖或者以其他形式非法转让土地。土地的使用权可以依照法律的规定转让。一切使用土地的组织和个人必须合理地利用土地。

其次,专门规范土地管理与保护的基本法主要是《土地管理法》(2004 修正)、《城市房地产管理法》(2009 修正)等。其中,《土地管理法》(2004 修正)作为土地管理的基本法,共八章 86 条,其中第二章规定了土地的所有权和使用权,其内容涉及土地产权的确立、取得、流转、收益、保护,土地利用的规划、管理、开发、整治,包含相关法律责任及行政执法等土地管理全面的、基本的内容。《城市房地产管理法》(2009 修正)第二章第一节和第二节中就土地使用权出让和土地使用权划拨进行了规定。除此之外,《物权法》等民事基本法律中也包括土地及其使用的专门规范。《物权法》第十一至第十三章对土地承包经营权、建设用地使用权、宅基地使用权等概念、取得方式、期限、流转等问题予以具体规定。

第三,行政法规、部门规章有关土地管理和保护的主要规定,既包括《土地管理法实施条例》(2014 修订)、《基本农田保护条例》(2011 修订)、《城镇国有土地使用权出让和转让暂行条例》等共性内容;也包括国务院根据具体情形制定的针对台商投资的特殊规定,如《国务院关于鼓励台湾同胞投资的规定》。

最后,地方性法规有关土地管理与保护的规定,同样包括一般性法规和特殊性法规两方面。以江苏省为例,一般性法规包括《江苏省城镇国有土地使用权出让和转让实施办法》、《江苏省土地利用总体规划管理办法》及《江苏省土地管理条例》(2004 修正)等;特殊性法规包括《江苏省关于鼓励台湾同胞投资的若干规定》、《中共江苏省委、江苏省人民政府关于进一步深化苏台交流合作的意见》等。

二、土地使用权取得的法律风险及其防范

(一) 土地使用权取得相关法律制度

根据《土地管理法》(2004 修正)、《土地管理法实施条例》(2014 修订)、《城市房地产管理法》(2009 修正)以及《城镇国有土地使用权出让和转让暂行办法》的有关规定,台商在大陆投资取得土地使用权的方式主要是划拨、出让、转让。

1. 划拨

土地使用权划拨是指经县级以上人民政府依法批准,在土地使用者缴纳

补偿、安置等费用后将该幅土地交付其使用，或者将土地使用权无偿交付给土地使用者使用的行为。以划拨方式取得的土地使用权，除法律、法规另有规定外，没有使用期限的限制，其转让、出租和抵押必须符合法律规定的条件。《城市房地产管理法》(2009 修正)第 24 条对划拨使用情况予以规定。此外，《划拨土地使用权管理暂行办法》为了加强对划拨土地使用权的管理，对土地使用权转让、出租、抵押活动也进行了管理和规定。

2. 出让

土地使用权出让是指国家将国有土地使用权在一定年限内出让给土地使用者，由土地使用者向国家支付土地使用权出让金的行为，具体的出让方式为协议、招标、拍卖。《城镇国有土地使用权出让和转让暂行条例》第二章就土地使用权出让进行了具体规定，包括土地使用年限等。

3. 转让

土地使用权转让是指土地使用者将土地使用权再转移的行为，即土地使用者将土地使用权单独或者随同地上建筑物、其他附着物转移给他人的行为，主要包括出售、交换和赠与等方式，但是未按土地使用权出让合同规定的期限和条件投资开发、利用土地的，土地使用权不得转让。土地使用者通过转让方式取得的土地使用权，其使用年限为土地使用权出让合同规定的使用年限减去原土地使用者已使用年限后的剩余年限。根据《城镇国有土地使用权出让和转让暂行条例》规定，中华人民共和国境内外的公司、企业、其他组织和个人，除法律另有规定者外，均可依照该条例的规定取得土地使用权，进行土地开发、利用、经营。

(二) 法律风险与主要问题

土地使用权所涉法律风险存在于土地使用权取得和使用两个主要阶段。前者主要是指土地使用权取得阶段，特别是因招拍挂、签订合同等环节的不当行为或失误，导致合同全部或部分无效或者履行困难，并由此造成土地使用权取得、顺利开发和利用的障碍；后者主要是指土地使用权取得后，在土地开发与使用阶段，可能面临土地政策或规划变化、搬迁、土地用途或使用条件改变而产生的风险。

对于台商或台资企业，首先，从交易角度，风险主要体现在：出让或转让方的主体资格、履约能力、诚信度，征收或受让土地手续的完备性，用地条件等方面。其次，从交易土地角度，受让土地的权属性质、来源，受让土地的现实状况、规划用途、未来可能的变动等都是影响风险程度的重要因素，应当谨慎调查，否则会影响土地使用权取得的合法性和可靠性基础。最后，土地使用权及其变更登记是公示土地使用权属的基本法律文件。我国现行立法对不动产物权及其变动采取的是登记生效主义。不动产登记是《物权法》确立的一项物权制度，是指经权利人或利害关系人申请，由国家专职部门将有关不动产物权及其变动事项记载于不动产登记簿的事实。2015 年 3 月 1 日《不动产登记暂行条例》正式实施；2016 年 1 月 1 日公布并实施的《不动产登记暂行条例实施细则》，对集体土地所有权登记、国有建设用地使用权及房屋所有权登记、宅基地使用权及房屋所有权登记等各种不动产权利的登记都作出了更为细致的规定。未经合法登记，不产生物权效力。

在各地的投诉协调案件中，台商在土地使用权取得、受让、租赁、承包过程中存在问题并发生纠纷的较为普遍，其中最突出的有两种：一是台资企业设立以集体土地使用权作为出资的，因合同主体资格不适格而导致合同无效；二是企业承包或租用农业用地，但因违法改变土地用途而受到行政处罚，甚至土地使用权被管理部门依法收回。

（三）案例与评析

1. 案例一

(1) 案情简介

1995 年，A 县政府决定利用 A 县的土地修建度假村别墅以吸引城市客源，从而使得当地的旅游市场进一步发展，因县经济合作社与该县政府属“一套人马、两块牌子”，于是，以县经济合作社的名义对外招商引资。1995 年 9 月，台商 F 与 A 县经济合作社签订了一份“联合开发度假村协议书”。协议约定：双方设立合作企业，名称为 B 公司；A 县经济合作社提供度假村建设用地 60 亩作为出资，全部建设资金由 F 承担并作为其出资；合同期限为 15 年，双方利润分配比例为 1∶4；合同期满后，度假村产权归 A 县经济合作社所有。

度假村建成后，由于经营有方，B 公司的经营效益不断提高，A 县政府和 A 县经济合作社以合同约定不当为由，多次要求提高 A 县的利润分配比例，但没有得到 F 的认可。1998 年，A 县政府发函给 F 提前解除合同；F 拒绝并起诉到人民法院，要求继续履行合同。

法院经审理认为，该 60 亩土地属于村民集体所有的土地，应由村民委员会或村集体经济组织来经营和管理，县经济合作社无权代表村民委员会处分该60亩土地。遂裁决合同无效，责令双方当事人在指定期限内办理善后事宜。

(2) 案例评析

本案中，台资企业B公司建设度假村项目的土地使用权，是A县经济合作社以集体土地使用权作为出资投入的，但是其法律问题在于：其一，合同主体不适格。集体土地使用权的主体为特殊民事主体，主要为集体经济组织及其成员，集体经济组织设立的企业和公益性组织，只有法律、行政法规规定允许的个别情况下，才可包括集体经济组织以外的单位和个人。A县经济合作社作为“联合开发度假村协议书”的一方当事人，并不是其所出资的土地使用权的合法权利人——既不是农民集体所有土地的所有人，也无权代表村民委员会以集体土地使用权作为出资，与台商共同设立台资企业来建设、经营度假村；其二，该协议书约定开发商业项目，其内容和程序均不符合法律规定。《土地管理法》(1998修订)规定，农民集体所有的土地的使用权不得出让、转让或者出租用于非农业建设；但是，符合土地利用总体规划并依法取得建设用地的企业，因破产、兼并等情形致使土地使用权依法发生转移的除外；任何单位和个人进行建设，需要使用土地的，必须依法申请使用国有土地；但是，兴办乡镇企业和村民建设住宅经依法批准使用本集体经济组织农民集体所有的土地的，或者乡(镇)村公共设施和公益事业建设经依法批准使用农民集体所有的土地的除外。由此，企业建议用地，原则上应当取得国有土地使用权而非集体土地使用权；兴办乡镇企业等特殊情况需要占用集体所有的土地的，除经集体土地所有权人同意或决定外，还必须经土地管理部门批准。

就本案来说，虽然台商与A县经济合作社签有合作协议，但因该协议违反国家法律、法规的强制性规定，由此取得的土地使用权无法受到法律保护，其协议也不具有继续履行的合法性基础，从而使台资企业处于非常不利的被动境地。农村土地使用权始终属于集体所有，根据“房随地走”原则，本案中，尽管A县一方对合同无效负有主要责任，但台商的经济损失在所难免，能够得到的补偿按建房成本价计算，因而十分有限。

2. 案例二

(1) 案情简介

王某作为台湾投资商与A市B镇政府签订“土地承包及农业观光园项目合同”。合同约定，B镇政府把C村集体所有的农业用地约200亩承包给王某50年，用于开发经营生态观光农场；建设项目包括生态浴场、生态餐厅及马术俱乐部等。合同订立后，B镇政府将225亩土地交付给王某投资建设。建设中，A市国土局两次下发责令停止国土资源违法行为通知书，告知王某“生态休闲农场在未经有权机关批准的情况下，擅自占用B镇C村土地，属于违法建设”，并责令生态休闲农场停止建设，听候处理。

(2) 案例评析

本案中，王某与B镇政府双方签订的合同，虽然名义上是土地承包及农业观光园项目合同，但如上所述，合同约定的建设项目包括生态浴场、生态餐厅及马术俱乐部等不属于生态农业范畴的内容。根据《土地管理法》(2004修正)第44条规定，建设占用土地，涉及农用地转为建设用地的，应当办理农用地转用审批手续。本案双方签定的合同中涉及建设内容，但建设用地并未获得相关行政部门的批准，该合同约定内容因违反法律、法规强制性规定，根据《合同法》第52.5条的规定，应确认为无效。土地管理部门也有权责令停止违法建设行为，并予以行政处罚。

我国实行严格的土地用途管制制度，土地的规划用途和建设条件一经确定，未经法定程序取得政府主管部门的同意，任何人无权改变原规划用途和建设条件。通常，建设用地的用途在办理规划许可手续时即已确定，并且在土地使用权出让合同中会有所体现。地方政府和台资企业都应当依照法律规定签订合同，并予严格执行，否则，不仅其违法取得的土地使用权得不到法律保护，还要面临被处罚的相应法律后果。

(四) 防范对策

台资企业设立涉及合资一方当事人以土地使用权出资的，应明确并核实土地使用权权属性质、出资方的主体资格、出资土地的合法来源、受让方式、土地用途等，一般应以“土地使用权证”或“不动产权属证书”所载明的事项为准。受让过程中涉及招拍挂、审批或登记程序的，应当明确约定义务主体、履行期限等具体事项，以避免承担损失。

台资企业通过承包、租用等方式取得农村集体土地使用权的，除严格核查土地使用权归属及其所属主体资格、合法来源等事项外，应当严格按照法律规定和合同约定的用途使用。《农村土地承包法》(2009修正)第9条规定：“国家保护集体土地所有者的合法权益，保护承包方的土地承包经营权，任何组织和个人不得侵犯。”第23.1条规定：“县级以上地方人民政府应当向承包方颁发土地承包经营权证，并登记造册确定土地承包经营权。”与此同时，《土地管理法》(2004 修正)第 4 条明确规定,国家实行土地用途管制制度,严格限制农用地转为建设用地,控制建设用地总量,对耕地实行特殊保护。第 12 条规定,“依法改变土地权属和用途的,应当办理土地变更登记手续”。

三、土地投资开发、使用中的法律风险及其防范

(一) 土地投资开发、使用相关法律制度

《土地管理法》(2004 修正)是有关土地开发、使用的基本法。关于土地开发,《土地管理法》(2004 修正)第 38 条至 42 条有明确的规定。关于土地使用,在《土地管理法》(2004 修正)中明确规定使用土地的单位和个人必须严格按照土地利用总体规划确定的用途使用土地,并就其他土地使用问题进行了规定。

涉及土地开发的行政法规和部门规章主要有《土地复垦条例实施办法》、《土地开发整理若干意见》、《国土资源部关于进一步加强土地整理复垦开发工作的通知》等。关于土地使用的法律、法规还包括《土地利用年度计划管理办法》(2016 修订)、《土地储备管理办法》(2018 修订)、《闲置土地处置办法》(2012 修订)、《基本农田保护条例》(2011 修订)等。

在地方性法规层面,以江苏省为例,包括《江苏省土地开发整理项目实施管理暂行办法》、《江苏省土地管理条例》(2004 修正)等,内容包括土地登记发证,土地利用总体规划,土地使用权出让、转让、出租、抵押等方面。

(二) 法律风险与主要问题

因土地投资开发、使用涉及的金额较大、周期较长、变动性因素多,风险亦无处不在,需要引起台商格外的重视。目前台商投资中涉及土地投资开发、使用的法律风险主要包括土地一级市场风险和土地二级市场风险两方面:在土地一级市场,即政府出让市场,主要存在土地闲置风险,出让地块规划变动风险,毛地出让风险等。例如,在土地供应方面,一是集体土地在转用征收后不能够及时拆迁安置,导致土地不能及时达到供应条件;二是未达到供地条件即进行供地,导致土地交付后,却因未达供应条件不能及时开工建设,导致闲置土地的产生。在规划方面,我国地方的土地利用总体规划一般为 20 年,在实际中根据地方的发展需要,可以进行一定程度的调整。但是现

实中经常出现因为种种原因将某项目用地占用基本农田，地方可以通过土地利用规划调整为一般农田，导致很多土地资源没有得到应有的利用。

在土地二级市场，主要存在用地条件限制风险，擅自改变土地用途风险，违反土地规划指标建设风险等。例如，受规划指标限制，有审批权限的机关会分配一定的指标用于批准重点项目用地，但解决了重点项目用地，正常报批的非重点项目便缺乏指标，可能无法获批。此外，当事人擅自改变土地用途、迟延或怠于履行开发投资、支付出让金义务等，也是发生纠纷、产生损失的重要原因。

（三）案例与评析

1. 案例一

（1）案情简介

A 博览园开发有限公司（以下简称“A 公司”）是首批进入 B 县农业园区的台资企业。A 公司分别于 2007 年 5 月、2008 年 3 月和 2008 年 10 月与 B 县政府签订三期花文化商城项目建设合作协议。2013 年，项目的第一期、第二期及第三期的第一批工程均已结束，根据企业运作的实际情况，B 县政府决定终止 A 公司对花文化商城项目（第三期）的开发、收回第三期未开发的土地，由 B 县农业园区对其第三期用地的预付款进行明细调查和利息结算，并就第一期、第二期设施农业用地租金进行结算、催收。结算中，双方因土地租金问题产生矛盾。由于该农业园区用地为政府用地流转取得土地使用权，每年向失地农民发放补偿金，其补偿标准由其相关部门测算并逐年调整；至结算时，补偿价格已经四次调整。对于租金，A 公司认为应该按照原价缴纳租金，而 B 县政府认为用地成本大大增加，租金也应当相应增加。此外，因政府需收回的第三期地块为花文化商城项目，属商业用地，因当前地价上涨，政府认为原约定回收价格偏低，应当适当增加。

（2）案例评析

上述案例涉及土地开发与规划调整风险，台资公司与 B 县政府之间产生矛盾的主要原因，是由于建设规划调整或功能的重新布局，原先批准或签署协议的地块无法批准且土地买卖价格差异较大，并因此在企业搬迁问题上产生争议。该案中，A 公司自 2007、2008 年签订用地协议至 2013 年政府决定终止协议、收回土地，已时隔 6 年，建设工程周期长，土地价格及相应补偿标准不断增加，因而在表现为用地成本的土地租赁价格上产生较大分歧。

对于建设周期长、价格变动大等因素导致用地成本变动的风险，台商可从两方面作出积极应对：一是事先充分评估，加强对土地成本不断增加风险的预测，应并在合同中明确约定“情势变更”的情形及相应的处理方案，以防事后扯皮；二是发生争议时，根据土地使用具体情况，除与合作对方或政府之间加强沟通协商外，可寻求独立第三方的测算合理解决。

2. 案例二

(1) 案情简介

台资A公司需用地150亩，按与政府的协议，土地分两期提供，第一期先供地80亩。2008年9月A公司以招拍挂形式竞得C市B镇面积80亩土地。2008年10月与C市国土局签署国有建设用地使用权出让合同，出让价款为1 088万元，先付定金200万元，合同约定，签约后60天内交地，同时B镇政府领导经请示C市主要领导后，允诺只要第一期80亩地全面开工建设，后续70亩项目用地即予落实安排。

合同签订后，A公司一直未按合同约定办理用地手续和履行缴款义务。C市国土资源局两次发出“催款通知书”未果后，根据法律规定和合同约定，并经C市政府批准，于2010年依法解除了其与A公司之间的土地出让合同，没收A公司定金200万元。

(2) 案例评析

该案中，A公司在通过招拍挂竞得土地、签署土地出让合同后，长期怠于履行合同义务，导致合同最终被解除。

根据《城市房地产管理法》(2009修正)第16条规定，未按照出让合同约定支付国有土地使用权出让金的，土地管理部门有权解除合同，并可以请求违约赔偿。《国务院办公厅关于规范国有土地使用权出让收支管理的通知》规定，土地出让合同、征地协议等应约定对土地使用者不按时足额缴纳土地出让收入的，按日加收违约金额1‰的违约金。根据上述法律、政策规定，2008年《国有建设用地使用权出让合同》示范文本第30条约定，受让人应当按照本合同约定，按时支付国有建设用地使用权出让价款。受让人不能按时支付国有建设用地使用权出让价款的，自滞纳之日起，向出让人缴纳违约金，延期付款超过60日，经出让人催交后仍不能支付国有建设用地使用权出让价款的，出让人有权解除合同，受让人无权要求返还定金，出让人并可请求受让人赔偿损失。

（四）防范对策

上述两个具有代表性的案例中均体现了台商土地开发中因土地价格变动、合同履行不及时等多元化因素造成法律风险。

首先，关于价格变动问题。台资企业土地使用纠纷中，这类问题突出表现在由于建设规划调整或功能的重新布局，原先批准或签署协议的地块无法批准，或土地买卖价格差异较大。

其次，台资企业土地使用中因不履行或不完全履行自身义务所引发矛盾纠纷，较多是因为企业资金不足，没有按协议及时开发，由此导致土地闲置被政府部门依法收回。

四、土地及其地上房屋征收与补偿所涉法律风险及其防范

土地征收是指国家为了公共利益需要，依照法律规定的程序和权限将农民集体所有的土地转化为国有土地，并依法给予被征地的农村集体经济组织和被征地农民合理补偿和妥善安置的法律行为。

（一）土地及其地上房屋征收与补偿相关法律制度

有关土地及其地上房屋征收与补偿的法律、法规，主要包括《土地管理法》(2004 修正)、《城市房地产管理法》(2009 修正)、《物权法》、《外资企业法》(2016 修正)、《中外合资经营企业法》(2016 修正)、《台湾同胞投资保护法》(2016 修正)及其实施细则、《江苏省保护和促进台湾同胞投资条例》等。根据法律规定，原则上禁止以拆迁、征收等名义非法改变私人财产的权属关系。拆迁、征收私人的不动产，应当按照规定给予补偿；没有规定的，应当给予合理补偿，并保证被拆迁人、被征收人得到妥善安置。《台湾同胞投资保护法》(2016 修正)第 4 条规定，“国家对台湾同胞投资者的投资不实行国有化和征收；在特殊情况下，根据社会公共利益的需要，对台湾同胞投资者的投资可以依照法律程序实行征收，并给予相应的补偿”。该法《实施细则》第 24 条进一步规定了征收补偿标准：补偿相当于该投资在征收决定前一刻的价值，包括从征收之日起至支付之日止按合理利率计算的利息，并可以依法兑换外汇、汇回台湾或者汇往境外。

《江苏省保护和促进台湾同胞投资条例》第20条同样规定:“对台湾同胞投资者的投资不实行国有化。因公共利益的需要,确需对台湾同胞投资者的投资进行征收的,应当按照法定程序和权限处理,并给予补偿。政府有关部门在拟订征收补偿方案时应当征求台湾同胞投资者的意见。征收实施前,征收方应当和被征收方签订征收补偿协议。征收补偿包括被征收资产的补偿,因征收造成的停产停业损失的补偿,搬迁、临时安置的补偿等。需要搬迁的,征收补偿费用应当在搬迁之前足额补偿到位。对被征收资产的补偿,不得低于征收决定公告之日的市场价格,并加计从征收之日起至支付之日止按合理商业利率计算的利息。”

《国有土地上房屋征收与补偿条例》等部门规章则对地上房屋征收与补偿的内容,如征收主体、征收程序、征收范围以及征收补偿等作出具体规定。

(二) 法律风险与主要问题

土地及其地上房屋的征收与补偿所涉风险产生的主要原因为:其一,程序失当。例如,征收实施主体不适格、征用公告不规范等;其二,实体把握不一。主要表现为法律的原则性规定与实际操作标准及其效果之间存在较大差异。具体而言,首先,“社会公共利益需要”是征收的合法性前提,但何为“社会公共利益”,理论上和实践中均有不同的解说与认知,难以把握与统一,现实中将商业目的用地视为“社会公共利益”并纳入土地征收范围,损害权利人合法权益的现象亦时有发生。其次,依照“法律程序”实行是征收合法性的必要保障。虽然现行法律有严格的程序性规定,但现实中,地方政府出于招商引资的功利目的,程序走过场,在缺乏必要监督机制情况下,容易导致权力滥用。再次,有关补偿,虽然法律规定了“充分、及时、有效”的补偿标准,但实践操作中自由裁量空间较大,计算方式不够科学合理,补偿方式也较为单一,补偿结果往往与被征收人的预期相去甚远,极易引发纷争。

此外,台商对相关法律和政策存在误解、信息不对称、缺乏沟通以及怠于行使自身权利等因素,也是产生征收及其补偿纠纷并导致损失的重要原因。

(三) 案例与评析

1. 案例一

(1) 案情简介

A区政府因A区荣庄路工程建设需要,作出了“A政征字〔2014〕15号房屋征收决定”。决定作出之日,A区政府即于被征收地块区域予以公告,同时公告了该地块房屋征收补偿的实施方案。台资企业C公司位于A区某街道的房屋,在A区房屋征收决定的范围内。征收补偿开始后,C公司一直未与征收部门工作人员商谈征收补偿相关事宜。征收部门前后三次书面函告C公司商谈房屋征收补偿事宜,C公司均未出面商谈,致使征收部门未能与其达成房屋征收补偿协议。后A区政府对C公司作出房屋征收补偿决定并送达。C公司对征收补偿决定不服,以征收项目不符合公共利益、超红线范围征收土地为由向市政府申请复议。市政府经复议作出行政复议决定:维持A区人民政府作出的《A区人民政府房屋征收补偿决定书》的具体行政行为。

(2) 案例评析

上述案例中,A区荣庄路工程建设项目,符合社会公共利益的需要,A区政府对项目范围内的房屋有权依法作出征收决定。根据《国有土地上房屋征收与补偿条例》,房屋征收决定作出前,房屋征收部门应当履行的程序义务主要规定在第10—16及24条之中。本案中,A区政府在作出房屋征收决定前,履行了征收项目立项、规划批准,并由征收部门拟定了征收补偿方案,对征收补偿方案进行了论证并予以公布,征求了公众意见,同时进行了社会稳定风险评估。房屋征收部门也依法定程序选择了评估机构,并对征收范围内的被征收人按照征收补偿方案实施征收补偿。据此,A区政府已经履行了国有土地上房屋征收的主要程序,符合《国有土地上房屋征收与补偿条例》的相关规定。

C公司对A区政府房屋征收决定提起行政复议,但C公司认为征收项目不符合公共利益、超红线范围征收土地的复议理由并不成立,故而市政府维持A区政府的决定。值得台商企业注意的是,在面对土地征收时,征收部门履行法定程序和通知义务时,台商企业应当在法定时间内积极主张自己的权利,合理合规合法地就拆迁征收问题进行协商。

2. 案例二

(1) 案情简介

B公司是台资企业。该公司成立后在C区实施开发“滨湖花园”项目,该项目已建设总建筑面积近5 000平方米,投入约2 000万元。但该项目用地当时没有办理土地使用权证,也未领取房产证。1992年8月20日该公司曾就该项目与C区政府签订了一份土地出让协议,但一直未取得土地证。

2003年,国土资源部〔2003〕365号文件关于《进一步整顿土地市场秩序中自查自纠若干问题的处理意见》规定，截至2002年7月1日之前，市、县政府已经进行了前置审批，或者市、县政府已经与开发商签订书面项目开发协议的经营性用地，作为历史遗留问题，可以继续以协议方式出让，7月1日以后经营性用地必须实行公开招拍挂。为此，C区政府专门研究，对历史形成的不规范用地案进行完善手续、依法按程序办理相关土地权属，并通知各用地单位，要求用地单位按规定将完善用地手续的相关资料报区政府研究，统一逐级完善用地手续。但是，B公司仍未在规定时间内完善用地手续，该项目用地合法性问题始终未能解决。

2003年，"滨湖花园"项目地块规划调整，列入F区南延扩园规划范围，由F区出资办理转征手续，并取得省国土厅转征用批文。后经F区管委会合法立项批复，由G发展有限公司建设明发科技创业中心，2008年该公司领取了《国有土地使用证》，而"滨湖花园"项目地块上建筑物已被纳入征地拆迁范围。

(2) 案例评析

本案涉及历史遗留问题形成的长期占用土地，但未办理合法用地审批手续，最终导致土地及地上建筑物被依法收回与征用。

实践中此类情形并不少见，大多由于台商早期与村级集体经济组织签订土地使用合同，或者村级集体经济组织将集体的土地作为投资与台商合作进行生产经营。近年来，随着城市化建设进程和城市规划的调整，既往不规范用地问题越来越明显地暴露出来，特别是台商不规范利用村集体经济组织土地投资建厂，因不属于集体经济组织成员，因而在征用拆迁中，其土地权益无法获得保障，仅地上建筑物或构筑物可能得到有限的补偿。由此表明，台商对于大陆土地所有权、使用权及其性质、用途等一系列相关法律制度与政策缺乏必要的了解，其与村集体经济组织签订的土地使用合同也不可避免地存在效力风险。

以本案为例，B公司在合作建设初期虽有土地使用证明等资料，但始终未取得合法的土地权属证明。由于台商及台资企业涉及的土地产权与拆迁征用补偿问题较为普遍，各级政府十分重视，也采取各种措施加以解决。本案C区政府根据国土资源部〔2003〕365号文件集中完善用地手续就是一例。此外，2009年，国土资源部又专门针对台商反映的问题，推出了《关于加强涉台土地问题投诉调处工作指导意见的通知》，并作为各地协调处理土地权利纠纷的依据。该通知指出，对于台资企业土地使用中存在的历史遗留问题，应当本着“属地管理、分级负责”与“谁主管、谁负责”的原则，从大局出发，尊重历史，实事求是，具体问题具体分析，并强调了各级国土资源管理部门要增强服务意识，依法为台资企业用地提供主动、高效、便捷的服务。

（四）防范对策

需要特别强调的是，根据《土地管理法》(2004 修正）的规定，农民集体所有的土地使用权不得出让、转让或者出租用于非农业建设；也不得承包给集体经济组织以外的成员，违法出让、转让、出租或承包的，因该等交易行为无效，受让人、承租人和承包人的权益不受法律保护。

为此，一方面，台资企业用地，应当主要以合法、规范受让国有土地使用权的方式，而不能只图价格便宜就违反国家法律、法规规定受让或租赁集体所有土地或擅自改变土地用途。否则，作为基本生产资料的土地及地上建筑物（厂房等设施）因无法得到法律的基本保护而始终处于不稳定状态，并由此给企业生存和发展带来重大隐患。

另一方面，对于确属必要选择使用集体所有土地及房屋的台资企业，应在法律、政策允许的范围内，严格依照法定程序受让土地使用权，同时合法、规范进行建设与开发。

第三部分　出资、股权所涉法律风险及其防范

一、出资、股权及其法律制度概述

（一）出资、股权与台商投资

出资是指股东（包括发起人和认股人）在公司设立或者增加资本时，为取得股份或股权，根据协议的约定以及法律和章程的规定向公司交付财产或履行其他给付义务。股权是指股东基于股东资格而享有的、从公司获取收益并参与公司经营管理的权利。股权是任何公司类型中的股东都普遍享有的权利。股东向公司投资即为通过取得股权以实现其经济目的，出资是股东获得股权的主要手段与方式。台商投资的目的也在于取得股权，以在未来可预见的时期内获得收益或是资金增值。对出资、股权法律制度及风险有所了解，对台商在大陆投资至关重要。

（二）出资、股权的法律制度

与出资、股权相关的法律、法规主要体现在公司及其相关法律制度体系之中。公司法律制度，已经形成了由法律、行政法规、部门规章、地方性法规和司法解释共同组成的相互协调统一的有机体系。其中，最为核心的是《公司法》（2018 修正）和三资企业法等。《公司法》（2018 修正）对公司设立、内部机构设置、股权转让、股份发行与转让、公司合并、分立、结算与清算及外国公司的分支机构等有详细的规定，可以说，从公司的“生”至公司的“死”，《公司法》（2018 修正）均予以规定。三资企业法则是有关外商投资企业的特别规定。根据《公司法》（2018 修正）第 217 条“外商投资的有限责任公司和股份有限公司适用本法；有关外商投资的法律另有规定的，适用其规定”，一般认为，《公司法》（2018 修正）与三资企业法之间是一般法与特别法的关系。

除法律规定之外，国务院及各部委还出台了一系列保护或规制企业出资、股权的行政法规和部门规章，是对上述基本法律规定的进一步细化和补充，以便于法律的实施和操作。行政法规的数量众多，主要有：《公司登记管理条例》(2016 修订)、《企业法人登记管理条例》(2016 修订)、《中外合资经营企业法实施条例》(2014 修订)、《外资企业法实施细则》(2014 修订)、《中外合作经营企业法实施细则》(2017 第二次修订)、《指导外商投资方向规定》、《融资担保公司监督管理条例》、《外资保险公司管理条例》(2016 修订)、《中外合资经营企业合营期限暂行规定》(2011 修订)、《外商投资电信企业管理规定》(2016 修订)等。

重要的部门规章，如商务部、国务院台办联合发布的《台湾投资者经第三地转投资认定暂行办法》，发改委、商务部联合发布并经数次修订的《外商投资产业指导目录》。2017 年《外商投资产业指导目录》是 1995 年首次颁布"目录"以来的第 7 次修订，修订周期更短、开放领域更广泛。除了进一步提高服务业、制造业、采矿业开放水平，2017 年版"目录"的最大亮点之一是将关联并购以外，不涉及外资限制性措施的外资并购由审批改为备案管理。

为规范、统一适用法律、法规，最高人民法院对出资、股权相关问题颁布了一系列司法解释，主要有：《最高人民法院关于适用〈中华人民共和国公司法〉若干问题的规定》(一、二、三、四)、《最高人民法院关于如何认定国有控股、参股股份有限公司中的国有公司、企业人员的解释》等。

二、出资所涉法律风险及防范

(一) 出资所涉法律风险

出资风险主要出现于股东出资及其相关的各个环节之中，如出资履行、资产评估、资产回转等。

1. 出资瑕疵

出资瑕疵是指出资人违反《公司法》(2018 修正)、公司设立协议或章程规定，不履行或不适当履行其出资义务的情形。因出资瑕疵而引发瑕疵股东责任、瑕疵股权限制、瑕疵股权转让等问题一直是司法实践中常见的纠纷类型。出资瑕疵大致包括以下情形：

(1) 虚假出资

虚假出资指公司发起人、股东违反公司法的规定未交付货币、实物或未转移财产权，通过虚假手段取得验资机构验资证明，从而造成表面上已按章程约定的出资数额出资，但实际上并未出资到位的情形。出资人虚假出资，很可能会阻碍公司资本制度设计的实现；出资人也要为自己的虚假行为承担一系列的法律责任，即向其他出资人承担违约赔偿责任；向公司承担补缴出资责任及赔偿责任；向公司债权人承担无限清偿责任或有限补充清偿责任；情节严重的，还可能受到刑事责任追究。

(2) 抽逃出资

抽逃出资，指出资人在公司成立后，将其所交纳的出资额暗中抽逃撤回，但其仍保留股东身份和原有的出资份额。出资人抽逃出资，除了要承担相应的赔偿责任、违约责任，也可能会涉及刑事犯罪的问题。

(3) 不适当出资

不适当出资，是指出资人在履行出资的过程中，出资的时间、形式或手续不符合设立协议的约定或者法律的规定。主要分为两种：其一，不按规定的期限交付出资或办理实物等财产权的转移手续。出资人履行出资，应当依据设立协议的约定或者我国法律的规定，及时交付货币或者办理非货币财产权利的转移手续。出资人不适当履行出资，一方面，可能因此延误公司设立，致使公司错失发展契机；另一方面，出资人还要承担一系列的违约责任、出资填补责任和连带赔偿责任，给他人造成损失的，还要承担赔偿责任。其二，非货币出资财产存在权利瑕疵。非货币财产权利瑕疵，主要是指出资人以实物、知识产权、土地使用权等非货币财产权利出资，但是对这些非货币财产权利并不具有合法的处分权利。出资人交付的非货币财产权利存在权利瑕疵，很可能会阻碍财产权利转移手续、延误出资履行、影响公司成立。同时，不合法使用他人的财产权利，还可能因为侵权在先，将公司卷入一系列的赔偿纠纷漩涡。出资人自己，如果向其他出资人恶意隐瞒资产权利归属，构成犯罪的，也将承担起刑事法律责任。

2. 资产评估

以非货币财产权利出资，依据我国法律的规定，要对出资财产进行资产评估。在资产评估的过程中，通常存在以下风险因素：

(1) 中介机构的选择

对非货币财产权利进行资产评估，依据法律规定，必须聘请专业的中介机构，并由该机构对评估的资产出具资产评估结论。该结论具有法律效力。因此，在中介机构的选择过程当中，很可能就隐埋法律风险。比如，选择了一家不具有执业资质的评估机构进行评估，由此导致了评估结果不被有关机关认可，延误公司设立或者最终导致公司设立不能。因此，出资人在中介机构的选择当中，应当进行充分的考察和权衡对比，比如该机构是否具有业务资格；执业能力、执业经验和执业质量如何；服务费用标准等等。

（2）评估不实

出资资产评估不实，指股东用以出资的实物、工业产权、非专利技术、土地使用权的实际价额显著低于其出资时的评估价额。非货币财产权利的评估价值，关系到公司注册资本金额的多寡，同时也关系到股权比例或控制权强度。所以，在进行资产评估时，必须依据客观、真实、全面的评估资料，选择科学合理的评估方法和专业评估机构。但是，在实践当中，往往因为诸多因素，致使资产价值评估不实，从而引发法律风险，影响公司设立。依据我国法律的规定，资产评估不实，出资人在补足出资外，还应该根据设立协议的约定，向其他出资人承担违约或者赔偿责任。

3. 增、减资

公司注册资本的增加或减少都属于公司重大事项变更，不同公司类型对于增资、减资的要求也不同，既有公司章程的不同规定，也有法律、法规的差别性规定。

以台商投资企业的基本组织形式有限责任公司为例，根据《中外合资经营企业法》（2016 修正）及其《实施条例》（2014 修订）、《中外合作经营企业法》（2017 修正）及其《实施细则》（2017 第二次修订）的规定：（1）董事会是公司的最高权力机构。（2）董事会会议应当有 2/3 以上董事出席方能举行。（3）公司注册资本的增加、减少事项，一是须由出席董事会会议的董事一致通过方可作出决议；二是须报审批机构批准，并向登记管理机构办理变更登记手续。

《公司法》（2018 修正）则规定：（1）股东会是公司权力机构。（2）股东会会议由股东按照出资比例行使表决权；但是，公司章程另有规定的除外。（3）股东会的议事方式和表决程序，除该法有规定的外，由公司章程规定。（4）股东会会议作出增加或者减少注册资本的决议必须经代表三分之二以上表决权的股东通过。

对比可知，外商投资企业法对于公司增资、减资的要求更为严格：公司权力机构议事方式和表决程序都由法律明确、强制规定，公司自治权受到一定限制。所以，对于一般公司而言，大股东对于增资、减资之决策往往具有控制权，小股东如有不同意见，也只能在“妥协”与“离开”二者间加以选择。当然，如果大股东行为损害了小股东或公司利益，小股东可以通过司法途径维护自己的权益。[①] 但包括台商投资企业的外商投资企业则有不同，一方面，根据现行外商投资企业法的规定，对于公司增资、减资事项，由法定“一致通过”规则所决定，即使占少数股权地位的小股东也有同等的表决权；另一方面，审批机关批准也是董事会决议发生法律效力的必要条件之一。

此外，按照法律、法规的规定通知债权人并公告、变更工商登记等程序是所有企业增、减资之必经程序。

对于台商投资企业来说，应当同时遵守外商投资企业法律、法规的特别规定和《公司法》(2018 修正)的一般规定，否则其增、减资行为不受法律保护并对公司、股东产生不利的法律后果。

4. 隐名出资

隐名出资，是指一方(隐名股东)实际认购出资，但公司的章程、股东名册或其他工商登记材料记载的投资人却为他人(显名股东)。在实践中，隐名出资或隐名股东的存在比较普遍，而其中的法律关系又比较复杂，涉及股东权利的行使和股东的责任问题。在股权设置方面，如果能将隐名出资问题处理妥当，将会有效降低出资过程中的法律风险，实现公司设立的目的。有关隐名出资产生的风险问题，前文已涉，兹不详述。

(二) 案例与评析

1. 案情简介

A 公司为台资纺织有限公司，在 C 区设厂，承诺注册资本为 2 888 万美元。后因公司经营受国际大环境影响，公司无法按约定完成出资，面临工商行政部门巨额罚款的风险。A 公司准备办理减资手续，但因 C 区政府的拒绝，A 公司最终无法完成减资手续。原因在于，政府认为，A 公司在 C 区投资建厂时，因其承诺注册资本较高，政府为了招商引资需要，以 10.6 万元/亩的优惠价格出让土地给 A 公司，该价格大大低于 22.4 万元/亩的土地保护价格，其中差价均由政府补贴，不能仅凭形势变化而提出大幅减资的要求。最

① 参见范黎红：《大股东滥用资本多数决进行增资扩股的司法介入》，《法学》，2009 年第 3 期。

终，经由该区台办与政府沟通，A 公司与 C 区政府协商一致，由 C 区政府回购 A 公司所拥有的土地使用权及地上附着物，并给予适当补偿，A 公司不得再主张上述土地及地上附着物的任何权益。

2. 案例评析

A 公司为台商独资企业，应当优先适用《外资企业法》(2016 修正)及其实施细则的规定。本案中，受国际经营环境影响，A 公司无法按约定完成认缴出资。根据《外资企业法》(2016 修正)第 9 条规定，“外资企业应当在审查批准机关核准的期限内在中国境内投资；逾期不投资的，工商行政管理机关有权吊销营业执照。工商行政管理机关对外资企业的投资情况进行检查和监督”。

《外资企业法实施细则》(2014 修订)第 21 条规定：“外资企业在经营期内不得减少其注册资本。但是，因投资总额和生产经营规模等发生变化，确需减少的，须经审批机关批准。”由此，外资企业减资，除满足公司章程或合作协议规定的条件外，还需办理相关的前置审批程序，即向相关审批机关申请减资审批，换发新的《外商投资企业批准证书》；募集股份有限公司变更注册资本的，提交依法设立验资机构出具的验资报告及国务院证券监督管理机构的核准文件。

一般而言，存在以下情形的，减资申请不予批准：(1) 现行法律、法规对注册资本有下限规定，其调整后的注册资本低于法定资金数额的；(2) 企业有经济纠纷，且进入司法或仲裁程序的；(3) 企业在合同或章程中对生产、经营规模有最低规模规定，其调整后的投资总额小于该最低规模的。而在本案中，A 公司因无法认缴约定出资，在面临工商行政部门罚款的时候，试图通过减资来化解风险。但由于 A 公司设立时，是以承诺投资金额作为其获取优惠价格受让土地权利的对价，其中的差价来自政府补贴。如果允许其减资，则属于对公共资源的变相侵占，因此 A 公司的减资申请无法得到批准。

(三) 防范对策

股东出资过程中最频繁发生的风险就是股东出资瑕疵。出资瑕疵主要表现形式为出资方式不符合法律规定、出资不足、拒绝出资和虚假出资。出现出资瑕疵的情况，不仅会损害公司的利益，损害公司的运营和发展，而且会损害股东、债权人的利益，包括出资人自身的利益。

就股东的出资方式而言，根据《公司法》(2018 修正)和三资企业法的规定，股东可以用货币出资，也可以用实物、知识产权、土地使用权等可以用货币估价并可以依法转让的非货币财产作价出资。股东以货币出资的，应当将货币出资足额存入有限责任公司在银行开设的账户；股东以非货币财产出资的，应当依法办理其财产权的转移手续。按照法定的出资方式、出资履行方式出资是防范此风险的不二法门。

就台商而言，应当严格按照法律、协议和章程的规定履行出资义务，否则将承担因瑕疵出资而产生相应法律后果，除向其他出资人承担违约赔偿责任、向公司承担补缴出资责任及赔偿责任、向公司债权人承担无限清偿责任或有限补充清偿责任等民事责任外，还涉及行政处罚，情节严重构成犯罪的，将被追究刑事责任。

需要特别注意的是，第一，根据《公司法》(2018 修正)及相关司法解释的规定，因瑕疵出资而向公司债权人承担补充清偿责任，或应向公司承担补足出资责任的，均不受诉讼时效的限制。根据《公司法司法解释(三)》(2014 修正)第 13.2 条、第 14.2 条及第 19 条的规定，公司债权人可以请求未履行或者未全面履行出资义务的股东以及抽逃出资的股东在未出资或者抽逃出资的本息范围内对公司债务不能清偿的部分承担补充赔偿责任，且此种补充赔偿责任不受诉讼时效限制；第 19.1 条规定公司股东未履行或者未全面履行出资义务或者抽逃出资，公司或者其他股东请求其向公司全面履行出资义务或者返还出资，被告股东以诉讼时效为由进行抗辩的，人民法院不予支持。

第二，《公司法司法解释(三)》(2014 修正)第 18.1 条规定，有限责任公司的股东未履行或者未全面履行出资义务即转让股权，受让人对此知道或者应当知道，公司请求该股东履行出资义务、受让人对此承担连带责任的，人民法院应予支持；公司债权人依照该规定第 13.2 条向该股东提起诉讼，同时请求前述受让人对此承担连带责任的，人民法院应予支持。

第三，《公司法司法解释(三)》(2014 修正)第 16 条规定，对于未履行或者未全面履行出资义务或者抽逃出资的股东，公司可以根据公司章程或者股东会决议对其利润分配请求权、新股优先认购权、剩余财产分配请求权等股东权利作出相应的合理的限制，该股东请求认定该限制无效的，人民法院不予支持。如果有限责任公司的股东未履行出资义务或者抽逃全部出资的，在经过公司催缴或返还后，在合理期限内仍未缴纳或者返还的，公司可以依照该司法解释第 17.1 条的规定，以股东会决议的形式解除该股东的资格。

三、股权所涉法律风险及其防范

(一) 股权所涉法律风险

股权是基于出资而对公司享有的权利,因而原则上,其权利范围与出资份额直接关联。正因为如此,《中外合资经营企业法》(2016 修正)及其《实施条例》(2014 修订)规定,合营各方按注册资本比例分享利润和分担风险及亏损;合营各方对合营企业的责任以各自认缴的出资额为限。《公司法》(2018 修正)第 42 条规定,股东会会议由股东按照出资比例行使表决权;但是,公司章程另有规定的除外。所以,防范投资法律风险的重点之一,就是高度关注与股权设置、股权转让和股权回购等环节中股权利益的维护。

1. 股权设置

股权设置是出资人根据其出资比例确定的,通常在公司设立之初都会有一个各方洽谈出资份额的过程。其中可能存在的风险因素主要表现在以下三个方面:

(1) 股权设置过于集中

实践中,有不少公司有一个主要的出资人,为了规避我国法律对于一人公司的较高限制,通常会寻找其他小股东共同设立公司。在这种情况下,大股东拥有公司的绝对多数股份,难免出现公司股权过分集中的情况。公司一股独大,董事会、监事会和股东会形同虚设,“内部人控制”问题严重。这种管理模式,在公司的创业初期,虽然可以帮助公司快速地作出决策,通过适当的冒险,获得经营上的成功;一旦公司进入规模化、多元化经营以后,由于缺乏制衡机制,决策失误的可能性就会增大,公司承担的风险无疑也会随之增加。另外,一股独大,导致企业的任何经营决策都必须通过大股东进行,其他小股东逐渐丧失参与公司经营管理的热情。一旦大股东出现状况,如大股东意外死亡或被刑事关押等,直接导致企业无法正常经营决策。等到一切明朗的时候,企业已经被推到了破产的边缘。股权过分集中,不仅对公司小股东的利益保护不利,对公司的长期发展不利,而且对大股东本身也存在不利。一方面,由于绝对控股,企业行为很容易与大股东个人行为混同,一些情况下,股东将承担更多的企业行为产生的不利后果;另一方面,大股东因特殊情况暂时无法处理公司事务时,将产生小股东争夺控制权的不利局面,并由此给企业造成无法估量的损害。

(2) 平衡股权结构下可能引发的失控

平衡股权结构，是指公司的大股东之间的股权比例相当接近，没有其他小股东或者其他小股东的股权比例极低的情况。在设立公司过程中，如果不是一方具有绝对的强势，往往能够对抗的各方会为了争夺将来公司的控制权，设置出双方均衡的股权比例。如果这种能够对抗的投资人超过两个，所形成的股权结构就较为科学。但是如果这种能够对抗的投资人只有两个，则将形成平衡股权结构，导致了公司控制权与利益索取权的失衡。股东所占股份的百分比，并不意味着每个股东对公司的运营能产生影响，尤其是一些零散的决策权，总是掌握在某一个股东手里。零散决策权必将带来某些私人收益。股东从公司能够获得的收益是根据其所占股份确定的，股份越高其收益索取权越大，就应当有对应的控制权。当公司的控制权交给了股份比例较小的股东，其收益索取权很少，必然会想办法利用自己的控制权扩大自己的额外利益。这种滥用控制权的法律风险是巨大的，对公司和其他股东利益都有严重的损害。同时，也容易形成股东僵局。

(3) 股权过于分散

股份分散为现代公司的基本特征，在这种情况下，有关股东如何实现对公司的控制权就显得尤为重要。一些公司的股权形成了多数股东平均持有低额股权，形成了“股份人人有份、股权相对平均”的畸形格局。在众多平均的小股东构成的股权设置结构中，由于缺乏具有相对控制力的股东，各小股东对公司的利益索取权有限，参与管理热情不高，公司的实际经营管理通过职业经理人或管理层完成。公司管理环节缺失股东的有效监督，管理层道德危机问题较为严重。另一种局面就是，大量的小股东在股东会中相互制约，要想通过决议必须通过复杂的投票和相互的争吵，公司大量的精力和能量消耗在股东之间的博弈活动中。

需要注意的是，对于台商投资者而言，由于现行外商投资企业法律、法规在某些具体事项中的特别规定，除上述公司股东设置中存在的共性问题外，台商投资企业股权设置上还有一些特殊的风险因素，主要表现为：其一，《中外合资经营企业法》(2016 修正)第 4 条明确规定，“合营各方按注册资本比例分享利润和分担风险及亏损”。对此，当公司章程有不同规定时，其效力如何，实践中尚有争议。其二，股权比例与公司重大事项决策与控制程度并不完全对应，如前述合营企业、合作企业的增资、减资事项需由董事会一致通过。其三,股权行使范围受到法律更多的限制,例如,公司权力机构议事方式和表决程序较多由法律直接规定,而非依公司章程规定。

2. 股权转让

股权转让通常是指有限责任公司股东用协议形式将自己的股权有偿转让给本公司其他股东(内部转让)或股东以外的第三人(外部转让)的股权处分行为,也是企业资本重组、资源优化配置的一种重要形式。但是,实践中,因股权转让的违法、违规操作,产生了大量纠纷。

总体而言,股权转让中的风险集中于:主体不适格、瑕疵股权、转让程序不符合法律或公司章程规定,以及转让各方不依约履行义务等。

就台商投资企业而言,有关股权转让,现行外商投资企业法也有一系列与《公司法》(2018 修正)不同的特殊规定。以有限责任公司为例,依《公司法》(2018 修正)规定:(1) 公司《章程》规定优先;(2) 区分公司内部转让与外部转让,并分别规定了不完全相同的实体和程序要求;(3) 公司股东之间可以自由转让;(4) 向股东以外的人转让股权,应当经其他股东过半数同意。股东应就其股权转让事项书面通知其他股东征求同意,其他股东自接到书面通知之日起满三十日未答复的,视为同意转让。其他股东半数以上不同意转让的,不同意的股东应当购买该转让的股权;不购买的,视为同意转让。经股东同意转让的股权,在同等条件下,其他股东有优先购买权。两个以上股东主张行使优先购买权的,协商确定各自的购买比例;协商不成的,按照转让时各自的出资比例行使优先购买权。

《中外合资经营企业法》(2016 修正)及其《实施条例》(2014 修订)规定,(1) 合营者的注册资本如果转让必须经合营各方同意,并报审批机构批准,向登记管理机构办理变更登记手续;(2) 合营一方转让其全部或者部分股权时,合营他方有优先购买权;合营一方向第三者转让股权的条件,不得比向合营他方转让的条件优惠;(3) 违反上述规定的,其转让无效。《中外合作经营企业法》(2017 修正)及其《实施细则》(2017 第二次修订)也有类似规定:“合作各方之间相互转让或者合作一方向合作他方以外的他人转让属于其在合作企业合同中全部或者部分权利的,须经合作他方书面同意,并报审查批准机关批准”。

对比可知,合营企业与合作企业股权转让的特殊性表现在:其一,上述法律规定是强制性的,不允许公司章程另行规定,否则无效。其二,合营企业对于股东之间可否自由转让没有明示,实践中存在分歧;合作企业则对内部、外部转让不加区分。其三，转让需经合营、合作各方同意；合作企业还强调“书面同意”。其四，外商投资企业股权转让均需报审批机构批准，并经变更登记。

3. 股权收购

股权收购一般是指以目标公司股东的全部或部分股权为收购标的的活动。现代企业并购十分活跃，特别是股权收购方式，省却了投资人重新办公司的麻烦和烦劳，同时又可以合理避税，但是股权收购方式操作比较复杂，如有不慎，极易给投资人带来巨大的法律风险。

股权收购过程中的风险因素，除与股权转让一样存在主体资格不具备、瑕疵股权、主要财产和财产权利瑕疵等风险外，还包括目标公司的重大债权债务、司法诉讼或行政处罚、经营管理等问题，都是产生纠纷与经营隐患常见的风险因素。因而，收购前期对于目标公司状况全面准确的调查掌握和收购过程中各种保障手段的有效设置都是必要的。

(二) 案例与评析

1. 案例一

(1) 案情简介

某科技有限公司是一家中外合资的软件企业，由中国甲公司、台商乙公司和美国丙公司于 2000 年共同投资、注册成立。合营各方约定，公司负责产品研发和国内市场销售；海外销售权交由丙公司负责。公司设立时丙公司作为大股东，委派自然人 A 作为其代表并担任公司董事长。之后，由于经营不善等原因，公司累计负债 4 000 余万，陷入困境。为了扭转合营公司持续亏损的局面，2008 年 5 月，甲公司拟在原有基础上对公司增资 125 万美金，并与各方初步商定：增资后，甲公司成为公司大股东，依法委派董事长，履行大股东职责，接手公司运营；A 担任公司副董事长。其后，甲公司为合营公司争取到两次增资重组的机会，但就增资方案在董事会会议进行决议时，均因 A 提出“增资需以丙继续掌控公司控制权、A 担任公司董事长为先决条件”无法获得通过。

因数次增资重组受阻，合营公司现金流断裂，公司经营陷入严重困难，面临被迫解散的困境。公司董事会和甲、乙公司多次召集有丙公司及 A 本人参加的协调会议，希望丙公司能够从现实情况出发，尽快通过增资方案。但均因丙公司及 A 拒绝配合而失败，致使合营公司最终经营陷入停顿，濒临破产。

(2) 案例评析

本案涉及公司增资过程中因合营各方不能达成一致意见而导致无法实现商业目标，并使公司陷入困境。造成这一结果的原因，主要是由于甲、乙公司在公司设立时，一是对于丙公司的合营动机和企业诚信缺乏仔细考察；二是轻信大股东并疏于公司管理并致失控；三是对于现行法律制度下，改变合营企业资本结构、管理方式的困难预估不足。

事实上，甲、乙公司事后经调查发现：丙公司参与合营公司，并不是为了发展合营公司，而是看中甲、乙公司的研发能力及其软件产品，因而利用控制合营公司海外营销权的便利为自身牟利。为此，在A实际掌控合营公司运营8年多的时间里，一直存在着非市场化运作，不仅公司内部监管失控、财务管理混乱，而且利用其所控制的海外销售渠道，截流合营公司几十万套软件的海外销售利润，严重影响并蚕食了公司的利益。由于合营公司设立时，丙公司出资最多，甲、乙未经仔细调查并谨慎考虑即将企业经营管理控制和海外营销权交给丙公司，并在数年经营中较少参与与监督，并最终导致不利局面。

法律上，如前所述，根据现有法律的规定，合营企业董事会是最高权力机构，有权决定企业重大事项。就合营企业增资而言，合法、有效的董事会决议必须具备两个条件：一是有2/3以上董事出席董事会会议；二是出席董事会会议的董事一致通过增资事项。由此，合营公司陷入困境后，甲、乙意图通过增资方式改变原有资本结构和管理模式时，但终因丙公司阻挠，董事会会议无法作出有效的变更决议。

2. 案例二

(1) 案情简介

台商A公司与B公司、C公司、D、E五方共同出资在大陆成立了一家合资经营有限责任公司，其中，A公司出资450万元，占股50%，委派甲任公司董事长。但在公司运营期间，甲作为公司董事长并未实际参与公司经营，而是委托C公司总经理乙全权负责公司的一切管理事务。后甲获知消息，公司因经营不善，将进行破产清算程序，甲认为公司在其不知情的情况下进行清算程序，侵害股东合法权益，故此向政府部门投诉求助。

在台商服务部门的帮助与协调下，合营公司召开了董事会，并一致同意A公司、B公司转让其合营公司股权的决议。之后，A公司和B公司找到了受让股权的买家并签订股权转让协议，但C、D、E三股东反悔并拒不配合办理股权转让手续，甲无奈，遂再次向台商服务机构求助。

(2) 案例评析

本案表现为台商投资企业股权转让过程中的风险，但根源仍是台商轻信合营伙伴、疏于企业管理导致的不利后果。

本案中，台商作为大股东、合营企业的法定代表人，却对企业经营管理不闻不问，只轻信其他股东并委托全权管理，因而直至公司即将进入清算程序时，才获知企业经营相关信息。对于台商而言，自身的懈怠是遭致企业濒临困境并导致损失的主要原因。

法律上，与上一案例情形有类似之处。首先，该台商投资公司属于中外合资经营企业，故应优先适用《中外合资经营企业法》(2016 修正)及其《实施条例》(2014 修订)的规定。依其规定，A、B 公司作为公司的股东，有权将其股份转让，但必须得到经营各方的同意，并在同等条件下保证其他股东的优先购买权。任一条件不具备，则转让无效。其次，股权转让过程中，即使已经签订有效的股权转让协议，协议履行中也存在风险。风险除出自股权转让当事双方(转让方和受让方)不履行协议义务外，还可能因公司及其股东不履行股权变更的协助义务而产生阻碍。本案正是这种情况，因 C、D、E 三股东反悔并拒绝协助办理股权转让手续，致使 A、B 公司无法顺利完成股权转让。

3. 案例三

(1) 案情简介

A 公司系台商投资企业，于 2003 年批准成立，公司注册资本为 600 万美元，原始股东甲占公司 70%股权、乙占公司 30%股权。2006 年 3 月，甲与丙在江苏省某市签订了《股权转让合同》，约定甲将其持有的 A 公司 70%的股份转让给丙，且"丙同意在本次变更经审批机关审核同意之日起 30 日内以 175 万美元的现金形式以原价在境外一次性支付甲所转让的股份(即甲在公司已缴付的全部资本)"。丙受让股权后，于 2006 年 3 月支付甲股权转让款人民币 20 万元(折合 24 911 美元)，余款 1 725 089 美元未付引起纠纷，甲遂诉至法院。

丙辩称：(1) 2006 年 3 月，其与甲共签订了两份股权转让合同。双方约定，《股权转让合同》仅供审批机关报批、登记使用；双方实际履行的是另一份《境外股权转让合同》；(2)《境外股权转让合同》签订后，其已支付股权转让款人民币 50 万元；(3) A 公司在股权变更前公司应付账款已远远超出股权转让价款，根据《境外股权转让合同》的约定，其无需再向甲支付股权转让款。

法院经审理认为，从内容上看，《境外股权转让合同》与《股权转让合同》的区别仅在于股权转让价款和支付方式不同。由于两份合同签订于同一天，而双方当事人均没有提供证据证明两份合同成立的前后时间，因此丙关于《境外股权转让合同》是对履行《股权转让合同》中对支付方式方法的变更的理由缺乏事实依据。《境外股权转让合同》明确规定该合同需交由当地对外贸易经济合作局审批，但该合同实际上并没有报审批机关批准，因此丙关于该合同已经生效且为双方实际履行之合同的理由也缺乏事实依据。法院判决，丙应当按照《股权转让合同》的约定履行给付甲股权转让款的义务。

(2) 案例评析

本案首先涉及股权转让合同约定内容不明确的问题。

在本案中，出现了两份类似的股权转让合同，一份为《股权转让合同》，另一份则为《境外股权转让合同》。甲以《股权转让合同》为依据，要求丙支付剩余股权转让款；而丙则以《境外股权转让合同》为依据，认为其无需再向甲支付股权转让款。虽然两份合同内容相似，但却无法直接证明二者之间的关系和双方当事人的真实意图，因而出现事后履行障碍时，任一方试图以合同之外事实提出抗辩时，必需有赖于更多其他证据的支持。本案中丙主张《股权转让合同》只是为了应付审批、登记所用，是为了更快地办理股权转让手续，真正反映双方当事人真实意思并实际履行的是《境外股权转让合同》。对此主张，一方面，丙缺乏相应的证据加以证明；另一方面，即使能够证明《境外股权转让合同》是双方真实意图，但其一，该合同未经审批，尚未生效；其二，如果当事人通过签订“阴阳合同”的方式来规避法定审批和监管，则根据《合同法》第 52.2 条属于“恶意串通，损害国家利益”的情形，亦应认定为无效。

4. 案例四

(1) 案情简介

A 公司系国有独资公司。2007 年 3 月 15 日，台湾地区居民甲、乙与 A 公司签订《某家园三期项目合作协议》一份，约定三方共同开发一处商住房。2008 年 7 月 30 日，乙将其在涉案合作项目的投资份额转让给丙。2014 年 6 月 30 日，甲、丙(甲方)与 A 公司(乙方)签订《公司股权转让协议》一份，约定甲、丙将在合作项目中 50%的投资份额转让给 A 公司，转让款为 400 万元。关于转让款的支付方式为“全体股东同意签字确认后先支付 100 万元，余款人民币 300 万元(土地入股损失和原签订合作协议的精神不符)，由甲、丙和管委会协商，再决定支付与否。协商成，则由房地产公司再支付，协商不成则不予支付。转让所产生的个人所得税由甲方负担"。

协议签订后,A公司给付甲、丙100万元。针对余款给付问题,甲于2014年7月20日以手机短信方式与该区管委会主任刘某进行协商,请求刘某同意支付余款300万元。刘某回复短信"收到,我已给他安排,让他按规定处理",但终未给付。后甲、丙要求A公司给付诉争300万元。

经法院审理查明,其一,涉案《公司股权转让协议》是附生效条件合同。甲、丙与A公司的股权转让协议实质是合伙份额转让。其二,甲、丙未与区管委会就余款300万元支付达成一致,A公司的付款条件并未成就。因此,驳回甲、丙要求A公司给付诉争300万元的诉求。

(2) 案例评析

本案系合作开发合同纠纷,涉案主要争点为:第一,涉案《公司股权转让协议》是附生效条件的合同。甲、丙与A公司的股权转让协议实质是合伙份额转让。该协议第二条说明协议双方并未最终确定转让价格就是400万元。双方仅是暂时确定价格为400万元,A公司能先行支付并确定的转让价格仅为其中100万元的部分。双方对最终转让总价是否为400万元及A公司是否还要支付300万元转让款达成的意思表示是:价格的最终确定和剩余价款的最终支付都取决于甲、丙与区管委会协商的结果。

第二,甲、丙并未与区管委会就余款300万元的支付达成一致,A公司的付款条款并未成就。甲、丙虽然在涉案协议中注明,土地入股损失与原签订合作协议的精神不符,但该二人也在该协议中认可,协商不成则不再支付该笔款项。且刘某的回复内容并不明确,因而无法认定区管委会与甲、丙就A公司是否还要支付剩余价款及其数额达成明确一致的意思表示,甲、丙以此短信说明上述事项"协商成",证据不足,其诉请也不能支持。

(三)防范对策

1. 强化对股权与企业经营管理权之间关系的认识

股权是一项综合性权利,同时包括股东基于自己的出资而享受利益的自益权和股东基于自己的出资而享有的参与公司经营管理的共益权。所谓共益,是指股东为了公司利益,同时兼为自己利益行使的权利。台商投资企业也是如此,每一个股东积极参与企业经营管理,规范与健全企业各项运行机制,不仅是为了公司的利益,也是为自己有效防范企业经营管理风险,维护自身股权利益的有效方式。

2. 提高对外商投资企业特殊法律制度的了解

首先，如前所述，在大陆现有企业法律体制下，台商投资企业对照适用的三资企业法包含一系列有别于一般公司、企业法律制度的规范内容，股权行使也受到不同程度的限制，既有实体限制，也是程序限制。全面了解不同法律的规范要求及其差异，并以此作为台商投资企业股权设计、运行及相应管理体制配置的指南，无疑是防范股权法律风险的最佳选择。

其次，三资企业法本身针对不同法律类别的企业，在实体和程序方面也都有着不完全相同的规定，因而需要区分不同企业类型对应适用。就投资而言，均为有限责任公司的情况下，《中外合作经营企业法》(2017 修正)与《中外合资经营企业法》(2016 修正)、《外资企业法》(2016 修正)相比，其规则更具灵活和便利性，例如有关提供合作条件、外国合作者先行回收投资等，审批期限也较其他两类企业更短；而在股权转让方面，《外资企业法》(2016 修正)与《中外合资经营企业法》(2016 修正)、《中外合作经营企业法》(2017 修正)相比，其强制性规定较少，更多依赖企业及其股东依宪章加以规范的自主权利。

再次，即使是同一外商投资企业类型，在法律适用上也可能存在差别。现行法律体制下，这一点在合作企业中表现得最为典型。例如，同为设立合作企业，股东采用投资方式与提供合作条件的存在不同的规范要求；法人式合作企业与不具有法人资格的企业亦有不同的法律规范要求；企业权力机构为董事会的与为联合管理委员会也是如此。所以，需要根据每一个企业自身的具体情况加以判断和对应。

3. 密切关注外商投资法律制度发展的最新动态

应当承认，中国现行外商投资法律体制是改革开放初期形成的，也是与中国经济与社会发展相适应的阶段性成果。随着改革开放的深入推进，统一三资企业法、内资与外资企业法并轨均势在必行。事实上，三资企业法的多次修改、商务部《外商投资企业设立及变更备案管理暂行办法》(2018 修正)以及前述 2017 年最新修订的《外商投资产业指导目录》等出台及其一系列新制度内容的引入，都预示着基本的发展方向。据此，现有外商投资企业的法律、法规，未来在主体上，将与统一的企业组织法律体系——《公司法》(2018 修正)、《合伙企业法》(2006 修订)、《个人独资企业法》并轨；在涉及外资保护与规范的特殊事项上，将由统一的“外商/外国投资法”所涵盖。

4. 涉股权风险的共性防范措施

除上述特殊性外，台商投资企业在股权设置、转让过程中也涉及一些共性事务，简述如下：

（1）授权委托

委托他人或机构代理从事某些事务时，为避免法律风险、减少讼争，应对受托人资信严格审核，并通过签订书面委托协议明确各自的权利义务关系。委托协议的内容越明确，越可以起到防患于未然的作用。一般包括委托范围、期限、违约责任等等。范围不明确或没有期限限制，一是很容易发生超越代理权限、权限终止后对方仍然进行代理的现象；二是此类代理发生后，虽然其本质属于无权代理，但因可能使相对人产生信赖，误以为行为人有代理权，因而导致代理行为有效的情形，并因此给委托人带来不必要的损失。

（2）拟定章程

实践中涉股权纠纷很多，多数争议因违反法律或章程规定的条件与程序而起。以前述公司股权转让为例，股权转让包括公司股东之间的内部转让和向股东之外的其他人的外部转让。法律对于股权的内部转让一般没有强制性限制，根据公司章程所规定的条件和程序办理即可；而对于股权的外部转让，则应同时符合法律和章程规定的条件。法律有强制性规定的，应当遵守法律规定；没有强制性规定的，应当优先适用公司章程的规定，否则转让无效。由此，除法律、法规的强制性规定外，公司章程是保护并规范股权的最重要根据。因而在公司设立时，应高度重视公司章程的拟定。出资人应当根据本公司及股东自身的情况和需求，在法律允许的范围内作好相应的股权配置等安排，包括但不限于确定股权转让条款，从而避免日后公司运转中不必要的扯皮或纷争。

（3）合同管理

企业交易行为主要是通过合同方式完成的。就涉及股权事项而言，前述授权委托、出资协议、股权转让等无不与合同关联。因而提高合同管理，防范合同风险，是维护投资人合法利益的重要环节。

第四部分　经营所涉法律风险及其防范

一、企业经营管理及其法律制度概述

（一）台商投资与企业经营管理

投资是人类社会最重要的经济活动之一。广义上的投资，从本质上讲，是指经济主体为获得效益而投入经济要素以形成资产的经济活动；狭义的投资，是指经济主体为获取预期收益所投入的资金（或成本）。

经营是指企业依据周围环境及企业内部能力而从事的商品经济活动。它随着商品经济的发展而发展。企业与经营是形式与内容的关系，企业的生产发展，取决于经营内容的适应性与进步性。企业经营管理的精髓是创新精神，企业的经营者则是创新精神的体现者。

管理与经营的内容是相通的，是同一活动的两个方面。把经营观念应用于企业内部的各项工作中，就是企业的管理含义。二者都是求得企业在市场经济中的生存与发展，只是二者的角度和范围不同。经营管理的概念常被用于企业整体范围的活动，例如，经营战略目标、经营决策方针等。管理概念往往被用于企业内部的各项具体活动，例如，销售管理、生产管理、人事管理、财务管理等。所以，二者是密不可分的两个方面，经营管理可以涵盖企业的各项工作，具体包括企业的经营环境、社会责任、组织结构、生产管理、人力资源管理、市场营销管理、财务管理等。①

企业是投资的具体表现形式，也是为社会提供产品和服务的重要组织形式之一，在经济生活中，投资与企业有着密不可分的联系，例如，在市场经济条件下，股份制企业的资产是由许多股东集资入股组织起来的，与投资者之间是互存互荣的关系。在现代发达的商品经济的社会条件下，由于企业向专业化、联合化、大型化发展，特别是面向社会招股的大规模股份公司的形成，

① 参见王淑敏、蔡静：《投资经营管理学》，清华大学出版社，2007 年版，第 2 页。

使所有权和经营权相分离的企业越来越多，在这样的企业中，投资者往往并不是企业的直接经营管理者，其经营管理一般由专职的经理人负责。因此，企业的经营管理至关重要，企业经营管理的好与坏，是企业存在和发展的生命线，也是决定一项投资成功与否的关键。

海峡两岸经贸关系从 20 世纪 80 年代开始起步，90 年代日益兴盛，至 21 世纪初期形成相当规模，两岸经贸关系由暗转明，贸易和投资数量逐步增加。数据显示，截至 2017 年 9 月底，大陆累计批准台资项目 101 466 个，实际使用台资 660.7 亿美元。按实际使用外资统计，台资占大陆累计实际吸收境外投资总额的 3.6%。①

在台商投资日益增加的今日，企业的经营管理显得愈发重要，如何通过合理的经营管理，创造利益，规避风险，是广大台商在大陆投资的过程中应当注意的问题。

（二）企业经营管理的法律保护与规制

企业经营管理同时受到法律的保护与规制。

《台湾同胞投资保护法》（2016 修正）及其《实施细则》、《国务院关于鼓励台湾同胞投资的规定》、《江苏省保护和促进台湾同胞投资条例》、三资企业法及相应的《实施条例》和《实施细则》，以及《公司法》（2018 修正）等都从不同角度在不同领域和不同法律层面上为台商投资企业的经营管理提供法律保障；与此同时，三资企业法及相应的《实施条例》和《实施细则》、《外商投资企业设立及变更备案管理暂行办法》（2018 修正）、《指导外商投资方向规定》，以及《合同法》、《劳动法》（2009 修正）、《劳动合同法》（2012 修正）、《会计法》（2017 修正）、《商标法》（2013 修正）、《专利法》（2008 修正）、《反不正当竞争法》（2017 修订）、《破产法》、《增值税暂行条例》（2017 修订）、《企业所得税法》（2017 修正）、《个人所得税法》（2018 修正）、《税收征管法》（2015 修正）等，则对于台商投资经营管理活动及各个环节给予必要的规范与限制。

总体而言，国家为了保障企业的正常经营管理秩序，设计了一系列的法律规范，可以形象地说，企业就是在“法网”里运转的经济体，台商投资企业自不例外。

---

① 商务部台港澳司：《2017 年 1—9 月大陆与台湾经贸交流情况》，http://tga.mofcom.gov.cn/article/sjzl/jmjl/201710/20171002662755.shtml，最后访问时间：2017 年 11 月 15 日。

（三）企业经营管理所涉法律风险及其防范

企业经营管理中的风险大致有两类，一是事实风险，即所谓商业风险。是指企业在进行生产经营的活动中，由于受到一些不可控因素的影响或者企业内部战略选择失误，导致的企业内部经济收益变化的可能性。如企业在生产经营过程中普遍面临的筹资风险、持续经营风险、现金风险、成就风险和领导风险等等。这些风险贯穿企业经营管理的始终，应当在经营管理过程中予以重视。二是法律风险，是指企业经营管理过程中，由于企业违反法律规定或合同约定，或其他外部法律事件等原因所导致的潜在经济损失或其他损害的风险，产生负面法律责任或后果的可能性。事实上，商业风险与法律风险不能截然分开。一方面，商业风险往往最终以法律风险的形式表现出来，因而在某种程度上，商业风险也是法律风险的一种。例如，企业资金不足引发的筹资或现金风险或经营管理不善所致持续经营风险本身属于商业风险，但伴随着资金不足、经营管理不善而来的，往往是企业盈利能力和偿债能力下降并致违约，甚至资不抵债而破产的法律后果。另一方面，法律风险的原因通常是企业经营行为不当，如违反有关法律法规、合同违约、侵权（例如知识产权）、怠于行使公司的法律权利等，由此承担的法律风险是企业面临的另一种类型的商业风险，法律风险可能造成经济损失。

企业所有经营管理活动都离不开法律规范的调整，企业实施任何行为都需要遵守法律规定或受到法律约束。企业无论是与政府，与其他企业以及与消费者之间的外部关系，还是内部管理所产生的股东与股东、股东与实际管理人、管理人与劳动者之间的关系，都要通过相应的法律来调整和规范。所以，法律是贯穿企业经营管理活动始终的一个基本依据。换言之，企业经营管理中的法律风险具有普遍性和广泛性，企业从设立到终止的全过程及其生产经营的各个环节和各项活动——人、财、物、产、供、销，法律风险无所不在。

鉴于产生经营管理法律风险的主要原因是企业违反法律规定或合同约定的行为，或者，即使是因外部法律事件而起，通常也存在着企业自身疏忽等诱因，所以，基于法律规定和合同约定及其后果的明确性和可预见性，依法规范自己自身的经营管理行为，是有效防范法律风险的不二法则。

二、货物通关所涉法律风险及其防范

（一）货物通关及其法律关系

通关一般指货物进出我国海关关口而涉及海关监管的活动。按照《关于简化和协调海关制度的国际公约》，通关定义为："完成必需的海关手续以使货物出口、为境内使用而进口或置于另一种海关制度下。"①货物通关是海关监管活动中最重要的内容之一，因其工作量大、涉及价值高、直接关系国家经济安全而成为各国海关最重视的工作。

进出口货物通关法律关系的内容主要是法律关系主体的权利、义务。具体而言就是在进出口报关、查验、征税、放行、扣押等情况下，海关和货物所有人、第三人各自享有的权力、权利和义务。即进出口货物的所有权人依法应当在货物进出口时向海关如实申报，并接受查验，缴纳关税及其他税收，货物放行后依法处分货物，在因涉嫌违法被扣留后按照法律维护自身合法权利；而海关则享有依法接受申报、进行查验、征税、保税、免税、放行，对涉嫌违法的货物所有人采取扣留货物或人身的权力。②

（二）货物通关相关法律制度

与货物通关相关的法律制度涉及申报、审核、关税征收等货物通关环节，国际法和国内法层面均有规定，而国内法从法律层面到行政法规层面都有具体规定。

从国内法层面上来看，《海关法》（2017 修正）对货物通关所涉各环节有明确规定，涉及进出境运输工具、进出境货物、进出境物品、关税、海关事务担保、执法监督及法律责任各方面。除了《海关法》（2017 修正）的一般性规定，行政法规、行政规章对货物通关的上述各环节作了具体规定，具体包括《海关进出口货物申报管理规定》（2018 第二次修正）、《海关政处罚实施条例》、《对于违反进出口许可证管理制度的处罚规定》、《进出口关税条例》（2017 修订）（以下简称"《关税条例》"）、《海关报关单位注册登记管理规定》（2018 修正）

① 海关总署国际合作司：《关于简化和协调海关制度的国际公约（京都公约）总附约和专项附约指南》，中国海关出版社，2003 年版，第 7 页。

② 刘达芳：《海关法教程》（第三版），中国海关出版社，2016 年版，第 56 页。

等，以及国务院关税税则委员会的公告和海关总署制定的行政规章，如《海关征收进口货物滞报金办法》(2018 修正)、《海关进出口货物征税管理办法》(2018 修正)、《海关审定进出口货物完税价格管理办法》(2013)等。

从国际法层面上看，调整货物通关的法律制度主要包括我国加入或与其他国家签订的国际公约、条约，如《原产地规则协议》、《关于实施关税与贸易总协定第 7 条的协议》(以下简称"《WTO 估价协定》")、《商品名称及编码协调制度的国际公约》、《亚太经社会发展中成员国之间贸易谈判第一协定》等。在这些内容上，国内法与国际法有较多一致的部分。

(三) 法律风险与主要问题

台商进行涉及货物进出口等活动时，货物通关是必经环节。货物通关过程涉及申报、审核、关税征收等各个环节，而每个环节又涉及很多事项，需要台商在进行贸易活动中予以关注。

1. 申报环节

我国海关的报关管理制度具体规定了报关管理法律关系的主体；享有报关资格的企业怎样履行报关注册登记手续；报关企业和报关人员的权利、义务和法律责任；滞报金的征收等内容。从事对外贸易活动的企业，凡享有报关资格的，应当依法向海关办理注册登记手续，在报关活动中依法履行法定的义务。没有报关资格的企业，应当根据报关管理制度的要求，委托有报关权的报关企业向海关报关，完成货物的进出境通关手续。为使报关管理制度法律化、制度化，海关总署于 2014 年 3 月颁布实施了新的《海关报关单位注册登记管理规定》[①]，该规定是当前海关实施报关管理的主要法律依据。

报关企业违法行为有以下类别：

(1) 违反有关进出境管理法律、法规和海关法律、法规的行为。从事出入境活动的收发货人应当遵守国家有关进出境管理的法律、法规和海关法律、法规，依法出入境。专业报关企业作为进出口货物的收发货人的代理人，应当履行有关法律、法规对进出口货物收发货人规定的在进出境活动中应当履行的义务，否则即构成了违反进出境管理法规的行为。

(2) 违反海关有关专业报关企业管理的行为。违反海关有关专业报关

① 该规定自颁布后已经过 2 次修正，目前最新版本为《海关报关单位注册登记管理规定》(2018 修正)

企业管理的行为包括：对报关员管理不严，多人次被取消报关资格的；拖欠税款和不能履行纳税义务的；未按规定变更企业登记项目的；出借本企业名义或借用他人名义办理报关事项的；不依法建立企业账册和营业记录，不如实记录其经营活动的；不能完整保留委托单位提供的各种单证、票据、函电；不接受海关稽查等。

2. 审核环节

审核环节主要存在两大法律风险，即进出口货物是否符合国内法律规定，以及是否符合许可证管理规定。进出口货物需遵循国家对进出境货物、物品有禁止性或者限制性规定。违反许可证管理制度的走私行为和违规行为的表现包括："伪造进出口货物许可证"、"为了逃避进出口许可证管理而伪报进出口货物品名、规格、贸易方式、数量等"、"涂改进出口许可证"、"在非许可证管理商品中混藏许可证管理商品、非法冒用进出口许可证"、"没有领取进出口许可证而进出口货物的无证到货行为"、"来料加工合同项下进口实行进口许可证管理的料、件和加工成品、半成品，因故转为内销，不能补交许可证的"、"越权签发许可证"等。

3. 关税征收环节

如前所述，海关税收法律制度与各部分内容之间存在着紧密的联系，商品归类、原产地规则、海关估价，是海关据以征税的前提和依据；商品归类、原产地的确定，又是给予减免税优惠的依据；而减免税优惠又是后续监管的前提，等等。所以如果存在商品归类、原产地、估计等申报不实行为，则将产生因少缴税款所导致的相应法律后果。

（四）案例与评析

1. 案例一

（1）案情简介

A公司由台湾B集团设立，其于2014年1月与欧洲供应商签订废物进口采购合同。2014年4月28日货物入境时，海关查验发现，第三批30个货柜772.25吨货品中一个废纸包夹带一个黑色塑料袋，内有少量医疗废弃物，包括盘尼西林盐水瓶2个、针管约5—6个、药剂瓶1个、少量乳胶手套与带盘纱布。这些医疗废弃物属于"禁止进口的货物"。依据《海关行政处罚实施条例》，A公司的夹带行为构成走私行为，将受到相应的行政处罚；如果构成犯罪，还将被追究刑事责任。

（2）案例评析

本案中，首先，A公司进口的货物中夹带的医疗废物是国家明令"禁止进口的货物"。我国《海关法》（2013第二次修正）第40条规定："国家对进出境货物、物品有禁止性或者限制性规定的，海关依据法律、行政法规、国务院的规定或者国务院有关部门依据法律、行政法规的授权作出的规定实施监管。具体监管办法由海关总署制定。"环境保护部、商务部、国家发展和改革委员会、海关总署每年都更新《进口废物管理目录》，该目录包括三个附件，包括《禁止进口固体废物目录》、《限制进口类可用作原料的固体废物目录》和《非限制进口类可用作原料的固体废物目录》。本案A公司进口的货物中夹带的医疗废物属于《禁止进口固体废物目录》中的货物。医疗废物由于可能携带大量的致病菌、病毒、放射性物质及化学毒物等，具有极强的传染性、生物病毒性和腐蚀性，携带病毒、病菌的危害性极大地超出了普通废物。对医疗废物一旦疏忽管理、处置不当，不仅可能会造成对水体、大气、土壤的污染，而且可能导致传染性疾病的流行，直接危害身体健康。

其次，A公司的行为构成《海关法》（2013第二次修正）第82条和《海关行政处罚实施条例》第7.2条所规定的走私行为。

《海关法》（2013第二次修正）第82条规定：违反本法及有关法律、行政法规，逃避海关监管，偷逃应纳税款、逃避国家有关进出境的禁止性或者限制性管理，有下列情形之一的，是走私行为：

（一）运输、携带、邮寄国家禁止或者限制进出境货物、物品或者依法应当缴纳税款的货物、物品进出境的；……

《海关行政处罚实施条例》第7条规定：违反海关法及其他有关法律、行政法规，逃避海关监管，偷逃应纳税款、逃避国家有关进出境的禁止性或者限制性管理，有下列情形之一的，是走私行为：

……

（二）经过设立海关的地点，以藏匿、伪装、瞒报、伪报或者其他方式逃避海关监管，运输、携带、邮寄国家禁止或者限制进出境的货物、物品或者依法应当缴纳税款的货物、物品进出境的；……

对于A公司的走私行为，应当依照《海关行政处罚实施条例》的规定予以行政处罚。

再次，走私行为如果涉嫌犯罪的，海关应当移送海关侦查走私犯罪公安机构、地方公安机关依法办理。

2. 案例二

(1) 案情简介

江苏某台商独资企业C公司于2010年从台湾进口价值13亿美元的设备用于增资。据该公司称,该设备在台湾的名称为"加工机设备",但在HS编码[1]中没有相同的名称,后经询问为"带数控的铣床",HS编码为8459619000[对应的商品全称"切削金属的其他数控铣床(但品目8458的车床及龙门铣床除外)"],并按此编码交税人民币20多万元。后该批设备运抵上海,海关查看产品说明书后通知该企业,该批设备为加工中心,对应的HS编码应为8457101000(对应的商品全称为"立式加工金属的加工中心"),并认为其申报不实涉嫌漏缴关税。之后,该批设备未被放行,企业生产因此受到影响,未放行期间企业需要缴纳高昂的集装箱和柜费以及场地费,损失严重。

(2) 案例评析

本案涉及货物通关环节中的商品归类风险。

《海关进出口货物商品归类管理规定》(2014修改)(以下简称"《归类管理规定》")第3条规定:"进出口货物收发货人或者其代理人(以下简称'收发货人或者其代理人')对进出口货物进行商品归类,以及海关依法审核确定商品归类,适用本规定。"因此,该规定是调整商品归类的直接法律依据。依其规定,商品归类是指在《商品名称及编码协调制度公约》[2]商品分类目录体系下,以《进出口税则》为基础,按照《进出口税则商品及品目注释》[3]、《进出口税则本国子目注释》以及海关总署发布的关于商品归类的行政裁定、商品归类决定的要求,确定进出口货物商品编码的活动。同时,鉴于商品归类涉及的不仅仅限于关税领域、进出口通关所使用的商品编码为10位编码而非8位、部分商品在《税则》及《注释》等依据中可能还缺乏明确的认定标准等实际情况,海关总署及其他部委联合颁布的与货物进出口管理有关的公告;《统计商品目录》;进出口通关参数数据库中的《综合分类表》;与进出口商品相关的国家标准等,也可作为商品归类的补充依据。当然,这些补充依据如与《归类

---

① 即海关编码,为编码协调制度的简称。全称为International Convention for Harmonized Commodity Description and Coding System,简称协调制度(Harmonized System,缩写为HS)。

② 是指在原海关合作理事会商品分类目录和国际贸易标准分类目录的基础上,协调国际上多种商品分类目录而制定的一部多用途的国际贸易商品分类目录。

③ 中国海关根据世界海关组织编制的2017年版《商品名称及编码协调制度注释》,编制了我国2017年版《进出口税则商品及品目注释》,并已于2017年1月1日起执行。

管理规定》所明确的法律依据产生矛盾，应以法律依据为准。① 同时，国务院制定的《进出口税则》、《进境物品进口税税率表》规定关税的税目、税则号列和税率，是属于《关税条例》的组成部分。因此，如果企业没有依照上述规定进行商品归类，则构成伪报或者申报不实，其走私行为、违反海关监管规定的行为，以及法律、行政法规规定由海关实施行政处罚的行为，应适用《海关行政处罚实施条例》给予行政处罚；如果构成犯罪的，则应根据《刑法》(2017 修正)第三章第二节走私罪的相关规定依法追究刑事责任。

本案中，C 公司将其进口设备申报为不能自动换刀的数控铣床，而海关根据规定认定属于可以自动换刀的加工中心，二者在 HS 编码中归入不同类别，相对应的进口关税也有所不同。根据《关税条例》第 31 条，纳税义务人应当按照《税则》规定的目录条文和归类总规则、类注、章注、子目注释以及其他归类注释，对其申报的进出口货物进行商品归类，并归入相应的税则号列。C 公司应根据进出口商品归类的规定和标准，以商品之客观属性作如实申报。

海关调查认定，C 公司的不实申报行为尚不构成走私。根据《海关行政处罚实施条例》第 12 条："违反海关法及其他有关法律、行政法规和规章但不构成走私行为的，是违反海关监管规定的行为。"对于此类行为，该条例第 15 条规定："进出口货物的品名、税则号列、数量、规格、价格、贸易方式、原产地、启运地、运抵地、最终目的地或者其他应当申报的项目未申报或者申报不实的，分别依照下列规定予以处罚，有违法所得的，没收违法所得：(一) 影响海关统计准确性的，予以警告或者处 1 000 元以上 1 万元以下罚款；(二) 影响海关监管秩序的，予以警告或者处 1 000 元以上 3 万元以下罚款；(三) 影响国家许可证件管理的，处货物价值 5%以上 30%以下罚款；(四) 影响国家税款征收的，处漏缴税款 30%以上 2 倍以下罚款；(五) 影响国家外汇、出口退税管理的，处申报价格 10%以上 50%以下罚款。"

(五) 防范对策

台商投资企业防范通关风险，除前述严格遵守法律规定的要求和程序，规范企业报关行为，不得违反海关法律、法规中的禁止性或者限制性的规定，以及及时关注海关相关管理目录的更新情况外，还可以采取以下一系列积极

---

① 参见 http://www.customs.gov.cn/publish/portal27/tab70675/info783766.htm，最后访问日期：2017 年 11 月 12 日。

措施：

1. 申报前的咨询

通关前，由进出口企业根据有关归类原则确定商品归类编码，企业无法确定归类的，可向海关认可的归类事务中介机构提出咨询，若符合预归类或行政裁定条件的，可向海关或者取得社会化预归类资质的报关企业提出预归类申请，或向海关提出行政裁定申请。

另外，两岸地区于 2010 年签订了 ECFA，在该协议下，一些早收产品和部分机床都实现了进口零关税。ECFA 的实施不仅可望逐步消除两岸贸易的壁垒，基于区域经济一体化安排，也可能相互给予优于其他 WTO 成员的待遇。①

2. 利用预归类制度

商品的预归类，是海关按照法律、法规规定的程序和权限，对进出口人在货物实际进出口前向海关提出的货物预先归类申请，依据进出口人提供的货物资料，作出归类决定的法律行为。预归类包括行政裁定和预归类决定两种，海关总署还可以依据有关法律、行政法规规定，对进出口货物作出具有普遍约束力的商品归类决定。这类决定一方面可以理解为对实施《税则》、《进出口税则商品及品目注释》、《进出口税则本国子目录注释》的解释，另一方面还可以理解为广义的预归类决定。2017 年 12 月 26 日，海关总署公布了《海关预裁定管理暂行办法》，并于 2018 年 2 月 1 日起正式施行。如果企业对于商品归类难以确定，可以利用海关这项预裁定制度，申请预裁定。然后，企业可根据海关给出的预裁定去申报商品归类。

3. 借助海关法律救济

海关法律制度和其他行政法律制度一样，在救济制度中设计了事前的救济和事后的救济两种救济途径和手段。事前的救济主要是行政听证和行政复议程序；事后的救济包括行政诉讼和行政赔偿。行政听证给予海关执法相对人在海关作出具体行政行为前充分陈述自己观点、意见的权利。行政复议则使相对人在海关的具体行政行为还没有发生法律效力前，有机会陈述自己的观点意见以及他们认为的海关行政行为存在的错误。而事后的救济能够较充分地体现公正的要求。由于司法审查的介入，能够以一个中立的第三方

① 曾华群：《ECFA："两岸特色"的区域贸易协定实践》，《厦门大学学报（哲学社会科学版）》，2011 年第 4 期。

的视角，超越双方利益对执法争议进行法律层面的审视，作出公正的裁定或判决。

4. 关注“通关一体化”改革，适应通关新流程

2017年7月1日以来，全国海关推行“通关一体化”改革，实施“两个中心，三项制度”的全新通关体制。“两个中心”是指海关风险防控中心和税收征管中心，全国所有的通关单、报关单都归到这两个中心，并分别负责不同的产品类别和风险类别管控。“三项制度”是指“一次申报、分步处置”、“税收征管，自报自缴”和“协同监管”。

随着“通关一体化”改革的全面实施，一方面，新的通关流程大大简化，通关时间减少三分之一，企业通关成本大幅度降低；但另一方面，在新的通关制度环境下，通关流程、税收征管方式、风险管控发生了变化，企业在申报、归类、审价及完税等方面自主权均在大幅度提高的同时，其责任与管理风险也同步加大。总体上，对企业而言，传统通关流程的风险较多集中于通关时的环节，而改革后，海关监管重心延伸于通关的事中与事后的稽查①监管，企业通关时可能畅通无阻而感觉不到海关监管存在，并由此降低风险防范意识，从而使企业陷入巨大的危险之中。

为适应新的通关体制与流程，企业应当将通关事务的重心从以往的通关环节转向企业进出口业务的全面规范管理。因为海关更多地以稽查实施后续监管，而海关稽查不同于前期监管的重要特点是对企业进出口业务的全面核实，不再局限于某一票货物，一旦发现问题，将导致更大范围和更加严重的处罚，企业的风险防范当然也应当拓展到进出口活动的全过程之中。

三、食品安全所涉法律风险及其防范

（一）食品安全及其法律关系

1984年，世界卫生组织（World Health Organization，简称WHO）在名为《食品安全在卫生和发展中的作用》的文件中一度将“食品安全”与“食品卫生”视为同义，定义为：“生产、加工、储存、分配和制作食品过程中确保食品安

① 海关稽查，是指海关在货物放行之后，到企业实地检查进出口活动的真实性和合法性，查发企业存在的问题，并分别做出补税、罚款直至追究刑事责任的处理。

全可靠、有益于健康并且适合人消费的种种必要条件和措施”。直到1996年，世界卫生组织才在《加强国家级食品安全计划指南》中加以纠正，认为，“食品安全”的内涵比“食品卫生”宽泛，“食品安全”是为了确保食品安全性和适用性，在食物链的所有阶段必须采取的一切条件和措施。而“食品卫生”是对食品按其原定用途进行制作或食用时不会使消费者健康受到损害的一种担保。① 根据我国《食品安全法》(2015修订)第150条，食品安全，指食品无毒、无害，符合应当有的营养要求，对人体健康不造成任何急性、亚急性或者慢性危害。

食品安全涉及社会生活的各方面，与生产经营者、消费者和政府管理部门之间的联系均极紧密。由此产生的主要法律关系，一是食品生产经营者与其他生产经营者之间的交易关系，属于平等主体之间的民商事关系，遵循平等、自愿的民事基本原则；二是食品生产经营者与消费者之间的消费法律关系，属于一种特殊的民事关系，既具有一般民事关系平等交易的属性，又具有消费者权利保护的倾斜性需求；三是食品生产经营者与政府管理部门之间的行政管理关系，是指国家食品安全行政管理机关行使行政职能与食品生产经营者作为行政相对人之间发生的关系。

(二) 食品安全监管法律制度

1. 食品安全监管体系

从整体上来看，中国食品安全监管制度规范构架由法律、法规体系、技术体系、安全标准体系三部分组成。

食品安全法律、法规体系由食品安全基本法为龙头、其他具体法律相配合的多种层次的立体框架构成。其中食品安全基本法规定食品安全的基本问题，各种部门法、单行法对基本法的某一方面进行更加明确全面的规定。这些方面包括：标准化、产地环境认证、质量体系认证、产品认证、标签管理、投入品(农药、兽药、饲料、肥料、激素、添加剂等)使用，质量监督检查、食品安全信用、食品安全评价和质量召回等方面的法律、法规。

技术体系则体现在与食品质量安全有关的领域。首先，我国目前正大力

① 刘录民：《我国食品安全监管体系研究》，中国质检出版社，2013年版，第16页。

推行国际食品法典委员会(Codex Alimentarius Commission,简称CAC)①、国际标准化组织(International Organization for Standardization,简称ISO)②等已经开始使用的食品安全法规、标准、技术规范、指南和准则,加快在标准体系上与国际接轨;其次,在整个食品产业(从农田到餐桌)推行HACCP、ISO9000、ISO14000及有机食品标准认证认可工作,从食品安全的全程监控着眼,把标准和规程落实到食品产业链的每一个环节,消除绿色技术壁垒。安全标准体系指在食品产业链全过程中,我国的非强制性标准、行业标准、国家标准、地方标准等,是检验检测部门的技术依据,同时也是企业的生产标准依据。

2. 食品安全法律、法规及基本制度

目前,我国已建立了以《食品安全法》(2015修订)等法律为核心,以行政法规、部门规章和地方性法规为补充,与环境保护、产品质量等邻近法律相衔接的综合性食品安全法律、法规体系。③

根据《食品安全法》(2015修订)第2条,在中国境内从事下列活动,应当遵守本法:(一)食品生产和加工(即“食品生产”),食品销售和餐饮服务(即“食品经营”);(二)食品添加剂的生产经营;(三)用于食品的包装材料、容器、洗涤剂、消毒剂和用于食品生产经营的工具、设备(即“食品相关产品”)的生产经营;(四)食品生产经营者使用食品添加剂、食品相关产品;(五)食品的贮存和运输;(六)对食品、食品添加剂、食品相关产品的安全管理。此外,供食用的源于农业的初级产品(即“食用农产品”)的质量安全管理,遵守《农产品质量安全法》(2018修正)的规定。但是,食用农产品的市场销售、有关质量安全标准的制定、有关安全信息的公布和本法对农业投入品作出规定的,应当遵守本法的规定。

除《食品安全法》(2015修订)外,《产品质量法》(2009修正)、《药品管理法》(2015修正)、《消费者权益保护法》(2013修正)、《标准化法》(2017修订)、《进出口商品检疫法》(2018修正)、《国境卫生检疫法》(2018修正)等,都

---

① CAC是联合国粮食及农业组织(FAO)和世界卫生组织(WHO)于1963年联合设立的政府间国际组织,专门负责协调政府间的食品标准,建立一套完整的食品国际标准体系。国际食品法典委员会目前有180多个成员国,覆盖全球98%的人口。

② ISO是世界上最大的非政府性标准化专门机构,成立于1946年,有160多个成员国,中国是ISO的正式成员。

③ 张磊:《组织逻辑与范式变迁——中国食品安全监管权配置问题研究》,上海人民出版社,2015年版,第6页。

有有关食品安全的基本法律制度内容。

国务院发布的与食品安全有关的行政法规主要包括：《食品安全法实施条例》(2016 修订)、《乳品质量安全监督管理条例》、《生猪屠宰管理条例》(2016 修订)、《国务院关于加强食品等产品安全监督管理的特别规定》、《农药管理条例》(2017 修订)、《饲料和饲料添加剂管理条例》(2017 修订)等。

部门规章主要包括：《食品生产许可管理办法》(2017 修正)、《食品添加剂生产管理办法》、《食品新品种添加管理办法》(2017 修正)、《餐饮服务食品安全监督管理办法》、《网络餐饮服务食品安全监督管理办法》、《食品广告发布暂行规定》(98 修订)、《食品生产通用卫生规范》、《突发公共卫生事件应急条例》(2011 修订)等。

根据地方实际情况制定的与食品安全有关的地方性法规和地方性政府规章，如《江苏省食品生产许可工作质量跟踪监督管理办法(试行)》和《江苏省食品经营许可(食品销售类)审查细则(试行)和食品经营许可(餐饮服务类)审查细则(试行)》等。

此外，最高人民法院、最高人民检察院、公安部、司法部于 2010 年 9 月 15 日对外公布了《关于依法严惩危害食品安全犯罪活动的通知》。《通知》要求依法严惩危害食品安全犯罪活动。

(三) 法律风险与主要问题

台商在大陆投资的产业中，从事食品生产经营及相关产业的比重持续增加，也不断有食品安全问题被曝光，因而成为台资企业应当重点关注的问题之一。食品生产经营所涉各环节的安全风险，均应得到有效控制。

1. 种植、饲养环节

表现在种植中存在过量使用农药、过量施用化肥、滥用植物激素等问题，在饲养中则存在各种工业添加剂超量、超常规使用等问题。

2. 食品生产加工环节

主要表现在加工环境脏乱差、超量使用食品添加剂或者使用国家禁止的食品添加剂、食品加工使用不合格原料、生产不符合安全标准的食品以及加工过程中微生物污染现象比较严重。

我国对食品添加剂实行生产许可制度，生产食品添加剂新品种应当向国务院卫生行政部门提交相关产品的安全性评估材料。

3. 食品流通环节

比如运输、贮藏食品环境不达标，流通渠道不畅通出现食品腐败、变质，食品外包装存在安全隐患等。

4. 食品消费环节

这里的消费环节主要是指餐饮和销售，表现在就餐环境不卫生、销售渠道混乱，在销售的食品中添加非食品原料等。①

以上食品生产经营各环节的问题是导致食品安全事故频发，消费者出现信任危机的主要原因，也是食品安全犯罪的发生领域。

(四) 案例与评析

1. 案例一

(1) 案情简介

江苏A公司是台湾B公司在中国大陆的经销商，专门负责B公司代理的荷兰某品牌原装奶粉在大陆的销售业务。2013年3月该公司被曝出非法生产、重新分装假冒伪劣奶粉，销售所用原料为来路不明的进口奶粉等问题。经过相关行政管理机关对该品牌奶粉及所涉生产、销售非法行为的调查发现，A公司合法销售国外企业生产、经报关报检后获得进口销售许可的奶粉的同时，又先后非法从南方购入未获得中国进口食品卫生证书的、同一企业针对欧洲市场生产的欧标婴幼儿奶粉，并通过擦除原有标识、重新喷码、私印外包装盒等方式，将欧标婴幼儿奶粉的批号篡改为已获得我国进口食品卫生证书的品牌奶粉批号并在国内进行销售。为此，行政执法部门作出了责令A公司停业整顿；该名牌奶粉就地封存、暂停销售等处罚决定；A公司主要负责人生产、销售伪劣产品涉嫌犯罪，被依法移交司法机关处理。

(2) 案例评析

本案A公司通过非法渠道和手段购买、分装并销售婴幼儿奶粉的行为，严重违反了我国法律的相关规定，包括但不限于以下三个方面：其一，《食品安全法》(2015修订)第81.5条明确规定："不得以分装方式生产婴幼儿配方乳粉，同一企业不得用同一配方生产不同品牌的婴幼儿配方乳粉"；其二，《食品安全法》(2015修订)第92.1条规定："进口的食品、食品添加剂、食品相关产品应当符合我国食品安全国家标准。"本案中，A公司明知荷兰生产企业针对欧洲市场生产的欧标婴幼儿奶粉，不符合我国婴幼儿奶粉标准，所以故意

① 舒洪水、李亚梅：《食品安全犯罪的刑事立法问题——以我国〈刑法〉与〈食品安全法〉的对接为视角》，《法学杂志》，2014年第5期。

涂改食品标识和包装以达到偷梁换柱的效果。其三,《食品安全法》(2015修订)第92.2条、第92.3条进一步规定:"进口的食品、食品添加剂应当经出入境检验检疫机构依照进出口商品检验相关法律、行政法规的规定检验合格。进口的食品、食品添加剂应当按照国家出入境检验检疫部门的要求随附合格证明材料。"出入境检验检疫部门签发的合法证明,之前是"卫生证书",2015年7月28日之后,根据《质检总局关于进一步规范进口食品、化妆品检验检疫证单签发工作的公告》(2015年第91号),改为"入境货物检验检疫证明",具有证明该批次食品从正常途径进口,依照我国法律、法规规定经检验检疫的效力。本案A公司从非法渠道购买欧标婴幼儿奶粉,恰恰是为了逃避监管。

根据《食品安全法》(2015修订)第129条:"提供虚假材料,进口不符合我国食品安全国家标准的食品、食品添加剂、食品相关产品的,由出入境检验检疫机构依照本法第一百二十四条①的规定给予处罚。"

2. 案例二

(1) 案情简介

江苏D有限公司系2001年注册成立的台资有限责任公司。2009年以来,D公司在总经理陈某的安排下,由同案人张某负责购买辣椒红、日落黄、双乙酸钠、二氧化钛、滑石粉等添加剂,被告人陈某提供产品配方并安排公司工人将上述添加剂添加至该公司所生产的组织蛋白、纤维蛋白、苏亚系列产品中以提升豆制品色泽等外观,延长产品保质期,增加产品销量,获取利益。后将上述产品销往河南、安徽等地公司,销售金额计人民币838万余元。

(2) 案例评析

本案D公司使用辣椒红等食品添加剂的行为,违反了我国法律有关食品安全标准方面的一系列强制性规定。

根据《食品安全法》(2015修订),首先,食品安全标准是强制执行的标准。除食品安全标准外,不得制定其他食品强制性标准。其次,关于食品添加剂的安全标准包括:食品、食品添加剂、食品相关产品中的致病性微生物,农药残留、兽药残留、生物毒素、重金属等污染物质以及其他危害人体健康物

① 该条处罚内容主要包括:尚不构成犯罪的,没收违法所得和违法生产经营的食品、食品添加剂,并可以没收用于违法生产经营的工具、设备、原料等物品;违法生产经营的食品、食品添加剂货值金额不足一万元的,并处五万元以上十万元以下罚款;货值金额一万元以上的,并处货值金额十倍以上二十倍以下罚款;情节严重的,吊销许可证。

质的限量规定;食品添加剂的品种、使用范围、用量等内容。再次,本案D公司使用的辣椒红、日落黄、双乙酸钠、二氧化钛、滑石粉等均为《食品安全国家标准》、《食品添加剂使用标准》等规定禁止使用于豆制品等食品中的添加剂。

《食品安全法》(2015修订)第34条规定"禁止生产经营下列食品、食品添加剂、食品相关产品:(一)用非食品原料生产的食品或者添加食品添加剂以外的化学物质和其他可能危害人体健康物质的食品,或者用回收食品作为原料生产的食品;(二)致病性微生物,农药残留、兽药残留、生物毒素、重金属等污染物质以及其他危害人体健康的物质含量超过食品安全标准限量的食品、食品添加剂、食品相关产品;(三)用超过保质期的食品原料、食品添加剂生产的食品、食品添加剂;(四)超范围、超限量使用食品添加剂的食品……"对于此类行为,尚不构成犯罪的,由县级以上人民政府食品药品监督管理部门没收违法所得和违法生产经营的食品、食品添加剂,并可以没收用于违法生产经营的工具、设备、原料等物品;违法生产经营的食品、食品添加剂货值金额不足一万元的,并处五万元以上十万元以下罚款;货值金额一万元以上的,并处货值金额十倍以上二十倍以下罚款;情节严重的,吊销许可证。构成犯罪的,依法追究刑事责任。

3. 案例三

(1) 案情简介

2011年9月1日至2012年2月底,江苏某市A公司购进净含量5升的金龙鱼牌橄榄原香食用调和油290瓶,加价销售给当地超市。2012年2月21日,该市工商局行政执法人员在当地超市检查时,发现上述金龙鱼牌橄榄原香食用调和油标签上有"橄榄"二字,配有橄榄图形,标签侧面标示"配料:菜籽油、大豆油、橄榄油"等内容,吊牌上写明:"金龙鱼橄榄原香食用调和油,添加了来自意大利的100%特级初榨橄榄油,洋溢着淡淡的橄榄果清香。除富含多种维生素、单不饱和脂肪酸等健康物质外,其橄榄原生精华含有多本酚等天然抗氧化成分,满足自然健康的高品质生活追求",但未标示橄榄油的添加量,因此作出《行政处罚决定书》,认定其违反了GB 7718—2004《预包装食品标签通则》的规定,责令改正,并处以合计60 000元的罚没款。该公司对上述认定与处罚不服,遂提起行政诉讼。

(2) 案例评析

本案中A公司未标示橄榄油添加量的行为发生在2011年9月至2012年2月,违反了当时适用的食品安全国家标准——GB 7718—2004《预包装食品标签通则》的规定："如果在食品标签或食品说明书上特别强调添加了某种或数种有价值、有特性的配料，应标示所强调配料的添加量。"

这里所指的"强调"，是特别着重或着重提出。本案中，A 公司认为"橄榄原香"是对产品物理属性的客观描述，并非对某种配料的强调，但从其销售的金龙鱼牌橄榄原香食用调和油的外包装来看，其标签上以图形、字体、文字说明等方式突出了"橄榄"二字，强调了该食用调和油添加了橄榄油的配料，且在吊牌（食品标签的组成部分）上有"添加了来自意大利的 100％特级初榨橄榄油"等文字叙述，显而易见地向消费者强调该产品添加了橄榄油的配料，该做法本身实际上就是强调"橄榄"在该产品中的价值和特性。因此，该公司未标示橄榄油的添加量，属于违反食品安全标准的行为。

（五）防范对策

"风险防范远远胜于危机控制"这一原则已经成为食品安全领域最重要的原则。目前，我国在食品生产经营的各个环节都存在比较严重的问题。上述三则案例分别涉及婴幼儿配方乳粉的生产、食品添加剂的使用限制以及食品标签等方面的典型事例。对于生产经营企业而言，为有效防范食品安全风险，生产经营全过程的细致、严格管理不可或缺。

1. 食品生产的过程监控

不同食品生产过程不同，安全要求也不完全相同。以具有严格法定标准的婴幼儿配方食品为例，重点涉及：

（1）全过程质量控制。《食品安全法》（2015 修订）对于婴幼儿配方食品管理中最重要的便是全过程质量控制。"婴幼儿配方食品生产企业应当实施从原料进厂到成品出厂的全过程质量控制，对出厂的婴幼儿配方食品实施逐批检验，保证食品安全。"

（2）产品配方注册。《食品安全法》（2015 修订）规定，婴幼儿配方乳粉的产品配方应当经国务院食品药品监督管理部门注册。注册时，应当提交配方研发报告和其他表明配方科学性、安全性的材料。

（3）禁止分装方式生产。《食品安全法》（2015 修订）考虑仅采用分装方式生产婴幼儿配方乳粉存在着很大的安全隐患，容易引起二次污染，要求"不得以分装方式生产婴幼儿配方乳粉，同一企业不得用同一配方生产不同品牌的婴幼儿配方乳粉"。

2. 切实落实企业主体责任

2015 年新修订的《食品安全法》除加大监控管理和实行最严格的法律责

任外，还进一步强化企业主体责任制。依其规定："食品生产经营者对其生产经营食品的安全负责。食品生产经营者应当依照法律、法规和食品安全标准从事生产经营活动，保证食品安全，诚信自律，对社会和公众负责，接受社会监督，承担社会责任。"具体而言，其要求主要包括：(1) 健全落实企业食品安全管理制度。食品生产经营企业应当建立食品安全管理制度，配备专职或者兼职的食品安全管理人员，并加强对其培训和考核。要求企业主要负责人对本企业的食品安全工作全面负责，认真落实食品安全管理制度。(2) 强化生产经营过程的风险控制。食品生产企业应当建立并实施原辅料、关键环节、检验检测、运输等风险控制体系，在食品生产经营过程中加强风险控制。(3) 增设食品安全自查和报告制度。食品生产经营者要定期检查评价食品安全状况；条件发生变化，不再符合食品安全要求的，食品生产经营者应当采取整改措施；有发生食品安全事故潜在风险的，应当立即停止生产经营，并向食品药品监管部门报告。

3. 强化食品安全标准意识

食品安全标准是法定的强制执行标准，与国家食品安全法律、法规共同构成企业生产经营的合法依据。其内容包括：(1) 食品相关产品中的致病性微生物、农药残留、兽药残留、重金属、污染物质以及其他危害人体健康物质的限量规定；(2) 食品添加剂的品种、使用范围、用量；(3) 专供婴幼儿的主辅食品的营养成分要求；(4) 对与食品安全、营养有关的标签、标识、说明书的要求；(5) 与食品安全有关的质量要求；(6) 食品检验方法与规程；(7) 其他需要制定为食品安全标准的内容；(8) 食品中所有的添加剂必须详细列出；(9) 食品生产经营过程的卫生要求。

根据国家卫生与计划生育委员会公布的食品安全国家标准，截至 2017 年 4 月，共包括通用标准 11 项、食品产品标准 64 项、特殊膳食食品标准 9 项、食品添加剂质量规格及相关标准 586 项、食品营养强化剂质量规格标准 29 项、食品相关产品标准 15 项、生产经营规范标准 25 项、理化检验方法标准 227 项、微生物检验方法标准 30 项、毒理学检验方法与规程标准 26 项、兽药残留检测方法标准 29 项、农药残留检测方法标准 106 项。这些标准是依据食品安全风险评估结果并充分考虑食用农产品质量安全风险评估结果，参照相关的国际标准和国际食品安全风险评估结果，广泛听取食品生产经营者和消费者的意见，并经食品安全国家标准审评委员会审查通过。标准通过后，最终由卫生部批准、国务院标准化行政部门提供国家标准编号后，由卫生部编号并公布。

食品安全的国家标准强制实施，如有违反则追究法律责任。前述案例二、三就是分别违反了上述通用标准中的《食品添加剂使用标准》、《预包装食品标签通则》所致处罚的。

四、广告宣传所涉法律风险及其防范

（一）广告宣传及其法律关系

广告宣传是指企业通过广告对产品展开宣传推广，促成消费者的直接购买，扩大产品的销售，提高企业的知名度、美誉度和影响力的活动。广告法律关系是指广告当事人在广告设计、制作、发布和管理过程中发生的社会关系，广义上的广告法律关系包括广告经营关系、广告管理关系和广告消费关系。[①] 就广告法律关系而言，它是由广告法律、法规调整的，国家行政监管机关、法人、其他经济组织和个人在参加广告监督、管理、审查过程中和广告活动中发生的，由国家强制力保证其实现的具体权利、义务关系。

（二）广告宣传相关法律制度

与广告相关的法律最主要的是《广告法》（2018 修正）。该法对虚假或夸大宣传、广告宣传中涉嫌不正当竞争、广告中典型违规用语等方面均有规定。另外，《反不正当竞争法》（2017 修订）对虚假广告等不正当竞争手段也进行了规制。

除法律规定外，有大量行政法规、部门规章对广告宣传各环节、类型进行了具体规范，如《广告管理条例》、《医疗器械广告管理办法》、《医疗器械广告审查办法》（2009）、《药品广告审查办法》（2007）、《食品广告发布暂行规定》（1998 修订）、《房地产广告发布规定》、《医疗广告管理办法》（2006 修改）、《广告语言文字管理暂行规定》（1998 修订），等等。

此外，《最高人民法院关于审理不正当竞争民事案件应用法律若干问题的解释》中包含了对企业虚假宣传行为的认定标准。

① 宋彪：《经济法概论》，中国人民大学出版社，2007 年版，第 118 页。

(三) 法律风险与主要问题

近些年来,广告宣传引发的纠纷日益增多,对企业而言,其致险因素主要集中在以下两个方面:

1. 虚假广告

现代社会的人们已脱离原始的自产自销式的生存模式,走向生产与消费相分离的模式。为了扩大企业与产品对于消费者的影响,包括广告在内的各种企业宣传必不可少。作为一种营销手段,广告是指商品经营者或者服务提供者承担费用,通过一定媒介和形式直接或者间接地介绍自己所推销的商品或者所提供的服务的商业活动。当然,现实中,不乏以追逐自身利益而不惜损害消费者、其他经营者和社会利益的各种虚假广告。

虚假广告属于欺诈性的宣传,通常表现为两种方式:一是内容虚假,即宣传内容与企业商品或服务的真实情况不符;二是引人误解,即以含糊其辞等方式误导公众。

我国《广告法》(2018 修正)明确规定:"广告应当真实、合法,以健康的表现形式表达广告内容,符合社会主义精神文明建设和弘扬中华民族优秀传统文化的要求。广告不得含有虚假或者引人误解的内容,不得欺骗、误导消费者;广告主①应当对广告内容的真实性负责。"《反不正当竞争法》(2017 修订)也规定:"经营者不得利用广告或者其他方法,对商品的质量、制作成分、性能、用途、生产者、有效期限、产地等作引人误解的虚假宣传。广告的经营者不得在明知或者应知的情况下,代理、设计、制作、发布虚假广告。"《消费者权益保护法》(2013 修正)、《产品质量法》(2009 修正)等相关法律、法规亦有类似规定。目前,虚假广告是企业广告宣传中最常见的法律风险因素,企业因虚假广告导致承担民事责任、遭受行政处罚,乃至被追究刑事责任均不乏其例。

2. 广告行为不规范

广告行为五花八门,既涉及广告主与广告经营者、发布者、代言人②之间

---

① 《广告法》所称广告主,是指为推销商品或者服务,自行或者委托他人设计、制作、发布广告的自然人、法人或者其他组织。

② 根据《广告法》,所称广告经营者,是指接受委托提供广告设计、制作、代理服务的自然人、法人或者其他组织;广告发布者,是指为广告主或者广告主委托的广告经营者发布广告的自然人、法人或者其他组织;广告代言人,是指广告主以外的,在广告中以自己的名义或者形象对商品、服务作推荐、证明的自然人、法人或者其他组织。

以合同方式确立的委托、代理等一般民事交易关系，也涉及因广告活动及其影响而产生的与其他相关自然人、组织以及社会公众之间产生的多种类型的法律关系，因而蕴含着多方面的法律风险因素。例如，广告主与广告经营者、发布者、代言人之间因合同订立违反法律、法规强制性规定导致合同无效，或者合同履行中一方当事人违约而产生的合同风险；广告经营或发布中不当利用他人肖像、作品所致侵害他人知识产权风险，等等。

《广告法》(2018 修正)第三章针对现实中普遍存在的不规范广告行为，确立了一系列法定规范标准，主要包括：主体规范，如广告经营者、发布者的合法经营资格、业务登记，审核、档案、收费管理等义务；代言规范，如有关明星代言、儿童代言的具体规定；场所规范，例如对于利用中小学及幼儿园校园、户外场所及设施、互联网等场域的限制等。

（四）案例与评析

1. 案情简介

台资 A 企业因在其产品广告中采用“提供最省钱的加热方式”、“达到国家最高的二星级消毒标准”、“运用领先全球的浓淡分级燃料科技”、“首创了双层油网免拆洗结构”、“无懈可击的表现”、“行销全球 40 多个国家和地区”等一系列缺乏科学定论和法律依据的用语，而受到当地行政管理部门“罚款 6 万元”的行政处罚。

2. 案例评析

该案 A 企业的产品广告的问题在于：违反《广告法》(2018 修正，下同)明确规定的“广告内容准则”，并存在虚假宣传。

首先，《广告法》规定，广告中对商品的性能、功能、产地、用途、质量、成分、价格、生产者、有效期限、允诺等或者对服务的内容、提供者、形式、质量、价格、允诺等有表示的，应当准确、清楚、明白，且不得使用“国家级、最高级、最佳”等用语。本案中，A 企业广告所采用的“最省钱的方式”、“国家最高二星级消毒标准”、“领先全球”、“无懈可击”等部分宣传措辞明显违反规定。根据法律，有关“最”字类词语禁止使用，同样禁止的还有“顶级”、“第一品牌”等与“最”字意思相同的绝对化表达词语。

其次，《广告法》第 28 条规定：“广告以虚假或者引人误解的内容欺骗、误导消费者的，构成虚假广告。广告有下列情形之一的，为虚假广告：(一)商品或者服务不存在的；(二)商品的性能、功能、产地、用途、质量、规格、成分、价格、生产者、有效期限、销售状况、曾获荣誉等信息，或者服务的内容、提供者、形式、质量、价格、销售状况、曾获荣誉等信息，以及与商品或者服务有关的允诺等信息与实际情况不符，对购买行为有实质性影响的；（三）使用虚构、伪造或者无法验证的科研成果、统计资料、调查结果、文摘、引用语等信息作证明材料的；（四）虚构使用商品或者接受服务的效果的；（五）以虚假或者引人误解的内容欺骗、误导消费者的其他情形。”结合本案可知，A 企业对其产品及其性能、功能、质量、荣誉等信息的描述，既存在与实际情况不符，也存在无法验证等情形，因而构成虚假广告。

再次，《反不正当竞争法》（2017 修订）第 8 条规定：“经营者不得对其商品的性能、功能、质量、销售状况、用户评价、曾获荣誉等作虚假或者引人误解的商业宣传，欺骗、误导消费者。”事实上，虚假宣传违反诚实信用原则，违反公认的商业准则，是一种严重的不正当竞争行为。《反不正当竞争法》第 24.1 条[①]规定：“经营者利用广告和其他方法，对商品作引人误解的虚假广告的，监督检查部门应责令停止违法行为，消除影响，并可根据情节处 1 万元以上 20 万元以下的罚款。”由此，本案中当地工商部门对 A 企业处以 6 万元罚款的行政处罚是正确的。

（五）防范对策

总体上，杜绝虚假广告、恪守宣传的合法边界，是企业正当经营并防范相应法律风险的基本准则。具体来说，企业广告宣传应当定位于提高企业知名度和树立企业良好形象，而非简单推销产品，同时注意广告宣传中的以下问题：

1. 信息的真实性

宣传虚假信息为法律明令禁止，并面临严重的法律后果。

首先，根据现行法律，构成“虚假宣传”的，既包括告知假象的积极欺诈作为，也包括引人误解的欺瞒真相之消极不作为。除前述《广告法》（2018 修正）、《反不正当竞争法》（2017 修订）规定或列举的情形外，《最高人民法院关

---

① 此条为《反不正当竞争法》2017 年修订前有关虚假广告的处罚规定，2017 年修订后《反不正当竞争法》有关虚假广告的处罚规定在第 20 条：“经营者违反本法第八条规定对其商品作虚假或者引人误解的商业宣传，或者通过组织虚假交易等方式帮助其他经营者进行虚假或者引人误解的商业宣传的，由监督检查部门责令停止违法行为，处二十万元以上一百万元以下的罚款；情节严重的，处一百万元以上二百万元以下的罚款，可以吊销营业执照。经营者违反本法第八条规定，属于发布虚假广告的，依照《中华人民共和国广告法》的规定处罚。”

于审理不正当竞争民事案件应用法律若干问题的解释》第8条规定："经营者具有下列行为之一，足以造成相关公众误解的，可以认定为反不正当竞争法规定的引人误解的虚假宣传行为：（一）对商品作片面的宣传或者对比的；（二）将科学上未定论的观点、现象等当作定论的事实用于商品宣传的；（三）以歧义性语言或者其他引人误解的方式进行商品宣传的。以明显的夸张方式宣传商品，不足以造成相关公众误解的，不属于引人误解的虚假宣传行为。"人民法院应当根据日常生活经验、相关公众一般注意力、发生误解的事实和被宣传对象的实际情况等因素，对引人误解的虚假宣传行为进行认定。

其次，虚假宣传行为将承担严重的法律后果。例如，行政责任上，有《广告法》(2018修正)、《反不正当竞争法》(2017修订)等规定的罚款、吊销营业执照、撤销广告审查批准文件、吊销广告发布登记以及吊销执业许可证等处罚方式；民事责任上，有《广告法》(2018修正)、《消费者权益保护法》(2013修正)规定的先行赔付、连带责任、惩罚性赔偿等；刑事责任上，《刑法》(2017修正)规定有"虚假广告罪"等。

2. 内容的合法性

信息真实只是保证广告宣传合法性的要素之一，防止使用违禁语或违禁方式也是广告内容合法的重要因素。一般来说，虚假广告往往缘自企业欺骗的故意，而违禁语、违禁方式的出现则既可能是故意，也可能是疏忽，所以应当格外注意防范。

《广告法》(2018修订)除包含"广告应当真实、合法，以健康的表现形式表达广告内容，符合社会主义精神文明建设和弘扬中华民族优秀传统文化的要求"的原则性规定之外，还对具有共性特征的违禁语、违禁方式加以列举，并针对药品、保健品、教育培训、房地产等特殊行业、领域中具有个性特征的违禁语、违禁方式作出具体规定，以规范企业的广告宣传行为。

现行《广告法》(2018修订)对于违反其禁止性或限制性规定的广告发布行为亦有严厉的处罚性规定。

3. 法定义务的切实履行

广告行为涉及设计、制作、发布等多个流程和环节，为避免责任不清，法律根据不同环节、方式及其中不同主体的具体情况，分别设定了不同的义务要求。例如，对于广告发布者，《广告法》(2018修订)规定，广播电台、电视台、报刊出版单位从事广告发布业务的，应当设有专门从事广告业务的机构，配备必要的人员，具有与发布广告相适应的场所、设备，并向县级以上地方市场监督管理部门办理广告发布登记；对于企业，委托设计、制作、发布广告的，应当委托具有合法经营资格的广告经营者、广告发布者；对于广告代言人，在广告中对商品、服务作推荐、证明，应当依据事实，符合该法和有关法律、行政法规规定，并不得为其未使用过的商品或者未接受过的服务作推荐、证明，等等。企业参与其中任一环节，均应严格履行其法定义务，从而既避免自己的违法责任，也防止他人违法行为可能给自己造成的损失。

五、人力资源管理所涉法律风险及其防范

（一）人力资源管理及其法律关系

广义的人力资源管理，通常是指为满足组织生存与发展之需，通过招聘、甄选、培训、报酬等管理形式对组织内外相关人力资源进行有效运用的活动过程。企业人力资源管理则主要是指企业中与劳动人事管理相关的活动。具体而言，是指以国家相关法规政策及企业规章制度为依据，通过劳动合同明确劳动者和用人单位的权利和义务，在合同期限之内，按照合同约定处理劳动者与用工企业之间权利和义务关系。换言之，在企业人力资源管理中，劳动合同是保障企业和劳动者双方利益的基本形式。对于劳动者而言，在借助劳动合同体现并确保自己工作条件、报酬等利益的同时，也明确自己的岗位职责和应尽义务；对于用工企业而言，劳动合同法规则既规范其用工行为，以维护劳动者的基本利益，又保障其依法解除合同、竞业限制或竞业禁止等管理需求和利益。

（二）相关法律制度

与企业人力资源管理相关的法律、法规数量众多，构成以《劳动法》（2009修正）、《劳动合同法》（2012修正）等基本法为核心，以其他相关法律、行政法规、地方法规及司法解释等制度内容组成的一个综合性法律体系。

1．法律

《劳动法》（2009修正）、《劳动合同法》（2012修正）、《劳动争议调解仲裁法》、《社会保险法》和适用于台商投资企业的三资企业法等，都是与企业人力资源管理相关的基本法。

其一，在中华人民共和国境内的企业、个体经济组织（以下统称用人单

位）和与之形成劳动关系的劳动者，适用《劳动法》（2009修正）。该法明确规定，劳动者的劳动权利主要包括：平等就业和选择职业的权利、取得劳动报酬的权利、休息休假的权利、获得劳动安全卫生保护的权利、接受职业技能培训的权利、享受社会保险和福利的权利、提请劳动争议处理的权利以及法律规定的其他劳动权利。与此同时，完成劳动任务，提高职业技能，执行劳动安全卫生规程，遵守劳动纪律和职业道德，则是劳动者应当履行的基本义务。用人单位应当依法建立和完善规章制度，保障劳动者享有劳动权利和履行劳动义务。

其二，《劳动合同法》（2012修正）适用于在中华人民共和国境内的企业、个体经济组织、民办非企业单位等组织（以下称用人单位）与劳动者建立劳动关系，订立、履行、变更、解除或者终止劳动合同。该法在规范用人单位的用工行为，明确劳动合同双方当事人的权利和义务，保护劳动者的合法权益等方面构建了基本框架。依其规定，订立劳动合同，应当遵循合法、公平、平等自愿、协商一致、诚实信用的原则。依法订立的劳动合同具有约束力，用人单位与劳动者应当履行劳动合同约定的义务。

其三，《社会保险法》进一步明确了劳工享有的社会保障权利，更好地维护公民参加社会保险和享受社会保险待遇的合法权益。

其四，《劳动争议调解仲裁法》为及时、公正处理劳动争议案件提供基准。依其规定，该法适用于在中华人民共和国境内的用人单位与劳动者发生的下列劳动争议：（一）因确认劳动关系发生的争议；（二）因订立、履行、变更、解除和终止劳动合同发生的争议；（三）因除名、辞退和辞职、离职发生的争议；（四）因工作时间、休息休假、社会保险、福利、培训以及劳动保护发生的争议；（五）因劳动报酬、工伤医疗费、经济补偿或者赔偿金等发生的争议；（六）法律、法规规定的其他劳动争议。

其五，对于外商投资企业优先适用的三资企业法也就企业内部人力资源管理设定了标准和法律依据。其中，《中外合资经营企业法》（2016修正）第6、7条、《中外合作经营企业法》（2017修正）第12～14条、《外资企业法》（2016修正）第12、13条对企业设立董事会、工会、员工的聘用与辞退均作出了一般性规定。

此外，《合同法》、《公司法》（2018修正）有关合同、企业劳动关系的共性规范，对于台商投资企业亦具适用性。

2. 行政法规、部门规章

除了法律的一般性规定，对企业人力资源管理还有大量的行政法规的具体性规定，如《劳动合同法实施条例》、《劳动保障监察条例》、《中外合资经营企业法实施条例》(2014 修订)、《中外合作经营企业法实施细则》(2017 年第二次修订)、《外资企业法实施细则》(2014 修订)、《职工带薪年休假条例》、《工伤保险条例》(2010 修订)、《失业保险条例》、《残疾人就业条例》、《城市居民最低生活保障条例》、《住房公积金管理条例》(2002 修订)、《社会保险费征缴暂行条例》等。

3. 地方性法规

我国地域辽阔，各地区经济发展水平存在差异，在劳动关系运行方面有着各自的特点和规律，因而很多省市都在国家法律的基础上，以构建和发展和谐稳定的劳动关系为目的，结合本地实际情况，制定相应的地方性法规，并由此形成了针对性强、行之有效的地方制度措施。

江苏作为市场经济发展较快、实施劳动合同制度较早的地区之一，长期以来，在实施劳动合同制度、构建和谐劳动关系工作方面一直走在全国前列。具有代表性的地方性法规，如《江苏省劳动合同条例》(2013 修订)、《江苏省工资支付条例》(2010 修改)等。

4. 司法解释

为正确审理劳动争议案件，最高人民法院于 2001 年、2006 年、2010 年和 2013 年分别通过并施行了四部关于劳动法适用的司法解释，即《关于审理劳动争议案件适用法律若干问题的解释》(一、二、三、四)，对正确理解和适用劳动法律提供司法指导。此外，在涉及具有劳动关系的公司管理人员与企业之间的关系上，《公司法》(2018 修正)及其司法解释的相关规定也是重要的法律依据。

(三) 法律风险与主要问题

人力资源管理中的风险多种多样，这里分别从企业高管人员责任和职工劳动保护两个角度，对企业人力资源管理中所涉主要法律风险进行阐述。

1. 高管责任

公司高管，顾名思义是指公司的高级管理人员，通常包括公司董事、监事、经理、副经理、财务总监、董事会秘书以及公司章程规定的其他高级管理人员。这些人员掌握着公司经营管理的大权，如行为违法，即使依法追究其法律责任，公司的损失也在所难免。根据我国《公司法》(2018 修正)的相关规定，公司高管带来的主要致险因素表现为以下几个方面：

(1) 高管违法行为

公司往往是高管违法行为的直接受害者。根据《公司法》(2018 修正)第147、148 条的规定,公司高管违反法律、行政法规和公司章程的规定以及违反对公司的忠实义务和勤勉义务的行为,都属于违法行为。包括但不限于以下情形: 利用职权收受贿赂或者其他非法收入;侵占公司的财产;违反公司章程的规定,未经股东会、股东大会或者董事会同意,将公司资金借贷给他人或者以公司财产为他人提供担保;违反公司章程的规定或者未经股东会、股东大会同意,与本公司订立合同或者进行交易;未经股东会或者股东大会同意,利用职务便利为自己或者他人谋取属于公司的商业机会,自营或者为他人经营与所任职公司同类的业务;接受他人与公司交易的佣金归为己有;擅自披露公司秘密,等。

外商投资企业法也有类似规定,例如,《中外合资经营企业法实施条例》(2014 修订)第 38 条规定:“总经理、副总经理及其他高级管理人员有营私舞弊或者严重失职行为的,经董事会决议可以随时解聘。”

(2) 高管违反任职限制

公司由其高管直接掌控,高管的资信与能力也就成为公司正常生产经营的基本保障。为此,《公司法》(2018 修正)第 146 条规定,有下列情形之一的,不得担任公司的董事、监事、高级管理人员: 无民事行为能力或者限制民事行为能力;因贪污、贿赂、侵占财产、挪用财产或者破坏社会主义市场经济秩序,被判处刑罚,执行期满未逾五年,或者因犯罪被剥夺政治权利,执行期满未逾五年;担任破产清算的公司、企业的董事或者厂长、经理,对该公司、企业的破产负有个人责任的,自该公司、企业破产清算完结之日起未逾三年;担任因违法被吊销营业执照、责令关闭的公司、企业的法定代表人,并负有个人责任的,自该公司、企业被吊销营业执照之日起未逾三年;个人所负数额较大的债务到期未清偿。公司违反前款规定选举、委派董事、监事或者聘任高级管理人员的,该选举、委派或者聘任无效。董事、监事、高级管理人员在任职期间出现上述所列情形的,公司应当解除其职务。

2. 劳工保护

依法保护职工劳动权利,是企业的法定义务。如有违反,则需承担相应的法律后果。实践中,企业在劳动关系建立的各个环节都存在一些普遍违法、违规现象,并由此引致法律风险。

（1）招聘、试用

招聘工作处于企业人力资源管理工作的第一环节，不仅直接影响人力资源管理工作的成效，而且招聘环节的疏忽或操作违法都会给企业带来很高的成本损失，很可能给人力资源管理的链条埋藏定时炸弹。[①] 在这个环节中，可能会发生的法律问题主要有：

其一，未履行如实告知义务。我国《劳动合同法》（2012 修正）规定，用人单位在招用劳动者时，就涉及劳动者切身利益事项，如工作内容、工作条件、工作地点、职业危害、安全生产状况、劳动报酬等劳动者要求了解的情况，负有如实告知的义务。否则可能构成欺诈并致劳动合同无效，劳动者可以解除劳动合同。在这种情况下，企业将面临支付经济补偿金或赔偿金的不利法律后果。

其二，双重劳动关系隐患。双重劳动关系是指一个劳动者在同一时期内与两个不同的用人单位建立了劳动关系，或者事实上存在两个劳动关系，每个关系都基本符合劳动关系的构成要件。由于法律并不禁止双重劳动关系的存在，司法解释和一些地方法规及政府规章对双重劳动关系亦予认可。如最高人民法院《关于审理劳动争议案件适用法律若干问题的解释（三）》第 8 条规定："企业停薪留职人员、未达到法定退休年龄的内退人员、下岗待岗人员以及企业经营性停产放长假人员，因与新的用人单位发生用工争议，依法向人民法院提起诉讼的，人民法院应当按劳动关系处理。"但是，双重劳动关系容易引发法律纠纷和相应风险，例如，根据《劳动合同法》（2012 修正）第 91 条，用人单位招用与其他用人单位尚未解除或者终止劳动合同的劳动者，给其他用人单位造成损失的，应当承担连带赔偿责任。

其三，扣押证件和收受财物。《劳动合同法》（2012 修正）第 9 条明确规定："用人单位招用劳动者，不得扣押劳动者的居民身份证和其他证件，不得要求劳动者提供担保或者以其他名义向劳动者收取财物。"如有违反，其法律责任是：扣押劳动者居民身份证等证件的，由劳动行政部门责令限期退还劳动者本人，并依照有关法律规定给予处罚；以担保或者其他名义向劳动者收取财物的，由劳动行政部门责令限期退还劳动者本人，并以每人五百元以上二千元以下的标准处以罚款；给劳动者造成损害的，应当承担赔偿责任。

---

① 洪桂彬：《人力资源管理法制化时代的挑战》，《人力资源管理》，2008 年第 5 期。

(2) 合同订立、履行

其一,合同订立。主要表现为,违反法律的强制性规定订立合同:

一是不采用书面形式。为了化解实践中事实劳动关系的泛滥和用人单位不签劳动合同的顽疾,《劳动合同法》(2012 修正)直接强调了劳动合同的书面化,不管劳动合同的订立、变更、解除或终止一律采取书面形式,且其相关内容也要求符合法律规定。

二是合同文本不交给劳动者。有些用人单位为了阻碍劳动者举证证明双方存在劳动关系的目的,将双方签订的劳动合同均由用人单位保存。法律明文规定,企业未将劳动合同文本交付劳动者本人的将由劳动行政部门责令改正,给劳动者造成损害的,则须承担赔偿责任。

三是合同内容不规范。《劳动合同法》(2012 修正)把劳动合同内容分为必备条款和其它条款,其中的必备条款是在合同中必须约定的条款,否则,劳动者一旦提出有关异议,企业将陷入被动状态。企业提供的劳动合同文本未载明法定的必备条款的,重则须承担赔偿责任,轻也要承受劳动行政部门的责令改正。

四是合同期限违规约定。为了保护劳动者并防止用人单位规避,在一些特定期限上,法律也有强制性规定。例如,关于试用期,《劳动合同法》(2012 修正)第 19 条规定:"劳动合同期限三个月以上不满一年的,试用期不得超过一个月;劳动合同期限一年以上不满三年的,试用期不得超过二个月;三年以上固定期限和无固定期限的劳动合同,试用期不得超过六个月。同一用人单位与同一劳动者只能约定一次试用期。以完成一定工作任务为期限的劳动合同或者劳动合同期限不满三个月的,不得约定试用期。试用期包含在劳动合同期限内。劳动合同仅约定试用期的,试用期不成立,该期限为劳动合同期限。"

其二,合同履行。企业与劳动者在劳动合同履行的过程中应当按照劳动合同的约定全面履行各自的义务。如果企业违反有关合同全面履行原则,劳动者可以依法解除劳动合同,特别是当企业存在以暴力、威胁或非法限制人身自由等手段强迫员工参加劳动,或者存在违章指挥、强令冒险作业等危及员工人身安全的情形时,劳动者可以立即解除劳动合同,而不需事先告知企业。

其三,合同终止或者解除。劳动合同终止未及时续签同样存在风险,企业在劳动合同到期后的很短一段时间内终止劳动关系,即使有的仅为三或五天，也要向劳动者支付数额不菲的经济补偿金，这样给用人单位造成了一些不应有的损失。《劳动合同法》(2012 修正)对于劳动合同的解除和终止作出了具体的规定，同时加大了对用人单位违法解除劳动合同的惩罚力度。此外，如果用人单位违法解除或者终止劳动合同，劳动者要求继续履行劳动合同的，用人单位应当继续履行；劳动者不要求继续履行劳动合同或者劳动合同已经不能继续履行的，用人单位应当双倍支付赔偿金。

(3) 薪酬等用工条件

薪酬、福利问题是常见的劳动争议。现行《劳动合同法》(2012 修正)对于企业薪酬管理，如劳动合同签订时薪酬待遇不确定、劳动合同无效时薪酬的确定标准、薪酬未按时支付时员工权利保护以及薪酬争议的解决等情形，都有法定的最低标准或者强制性规定。企业必须防止在劳动合同的履行过程中违反相关强行性规定，以免造成不必要的损失。用人单位在订立合同及企业规范管理时，不仅需要关注薪酬体系对于员工的激励性，还需要关注相关的劳动法律规定变化，避免产生法律风险的可能性。

工作时间和休息休假有关时间和工资计算等用工条件均是企业与劳动者产生纠纷的常见问题。如果企业存在安排加班加点却不给予加班费，或者没有按照法律规定随意延长劳动时间，都将面临违法用工风险。当前超时用工和加班工资的支付是劳动监察部门监察的重点，因此，企业如果不及时调整管理办法，将面临着较大的行政处罚和劳动争议风险。另外，加班工资计算方法及其计算基数也一直是争议的焦点。对于加班费计算基数问题，首先是基础工资即用以处理计算加班费的月工资计算，实践中有的企业是在劳动合同中直接约定加班费计算基数，有的则没有明确的约定。企业必须严格按照相关法律、法规的硬性规定如数计发加班工资，否则将面临纠纷不断的困扰。①

(4) 专业培训、保密及竞业限制

培养、留住专业技术人员是增强企业核心竞争力的一种重要方式，但也伴随着费用支出、保密管理及同业不当竞争等一系列可能的风险。对此，一方面，企业有权对于相关劳动者或技术人员施予必要的限制；但另一方面，这些限制必须严格限定在法律、法规规定和合同约定的范围之内。

---

① 《劳动合同法》(2012 修正)第 31 条规定，用人单位应当严格执行劳动定额标准，不得强迫或者变相强迫劳动者加班。用人单位安排加班的，应当按照国家有关规定向劳动者支付加班费。第 85 规定，安排加班不支付加班费的，由劳动行政部门责令限期支付劳动报酬、加班费或者经济补偿；逾期不支付的，责令用人单位按应付金额百分之五十以上百分之一百以下的标准向劳动者加付赔偿金。

其一，关于企业为劳动者提供专项培训费用，对其进行专业技术培训的，企业有权：① 与该劳动者订立协议，约定服务期；② 要求违反服务期约定的劳动者按约支付违约金。但与此同时，企业负有以下基本法定义务：① 违约金的数额不得超过其所提供的培训费用；② 要求劳动者支付的违约金不得超过服务期尚未履行部分所应分摊的培训费用；③ 与劳动者约定服务期的，不影响按照正常的工资调整机制提高劳动者在服务期期间的劳动报酬。

其二，关于保密和竞业限制，企业有权：① 在劳动合同中约定劳动者保守企业商业秘密和与知识产权相关的保密事项；② 对负有保密义务的劳动者，在劳动合同或者保密协议中约定竞业限制条款；③ 要求违反竞业限制约定的劳动者，按约支付违约金。但与此同时，① 竞业限制的人员限于企业的高级管理人员、高级技术人员和其他负有保密义务的人员；② 竞业限制的范围、地域、期限约定不得违反法律、法规的规定，其中，竞业限制期限不得超过二年；③ 凡约定竞业限制的，在解除或者终止劳动合同后，企业应当在竞业限制期限内按月给予劳动者经济补偿。

其三，除上述专业培训、保密及相应竞业限制情形外，企业不得与劳动者约定由劳动者承担违约金。

(5) 其他环节

其一，劳动关系识别问题。关于劳动关系的认定，现行劳动法和相关法律、法规并无明确规定，理论也未达成一致，因而在实践中，劳动关系与劳务关系、人事关系等其他关系之间常常存在混淆和不同认定的情形，由此影响到劳动者的权益保护、劳动争议的处理程序和法律的适用。劳动关系认定不清，可能损害劳动者的合法权益，也会给企业造成不同程度的法律风险。

其二，补偿金和赔偿金的区分适用。作为企业向劳动者承担法定责任的方式，补偿金和赔偿金在法律性质、适用情形和计算标准上均有不同。

劳动经济补偿金是指在劳动合同依法解除或终止时，企业应当一次性支付给劳动者的经济上的补助。主要适用于《劳动合同法》(2012 修正)第 46 条规定的情形：企业过错致劳动者单方解除劳动合同、双方协商解除劳动合同、非过失性辞退、经济性裁员、终止固定期限合同，以及竞业限制期限内应当向约定保密人员支付的，等等。经济补偿金的补偿标准和最高额度应当依照《劳动合同法》(2012修正)第47条①的规定。企业如果未按相关规定及时、足额支付补偿金将面临处罚。

赔偿金则是指企业违法解除或终止劳动合同时,应当向劳动者支付的损害赔偿。适用于《劳动合同法》(2012修正)第48条规定的"企业违法解除或终止劳动合同,劳动者不要求继续履行或者劳动合同已经不能继续履行"的情形。赔偿标准为前述劳动经济补偿标准的两倍。

(四)案例与评析

1. 案例一

(1) 案情简介

台资企业A公司和B公司均系台湾居民甲投资。甲任命乙为两家公司总经理期间,乙伪造法定代表人甲的签名(经鉴定为伪造)变更B企业法定代表人,同时虚构了A、B两家企业之间数百万元的借款。之后,乙将这些款项悉数提走,同时在当地法院发动了一系列借款诉讼,导致两企业均遭受巨大损失。

(2) 案例评析

这是一起典型的高管违法致企业损失的事例。在台商不知情的情况下,乙利用甲的信任和职务之便,通过虚构企业间借款等违法手段侵占公司资产。乙的行为已经涉嫌违法犯罪,可以依法追究其刑事责任。但对于台商甲及其投资的A、B企业而言,其损失却很难全部追回。

2. 案例二

(1) 案情简介

2008年2月李某入职某台商公司(以下简称为A公司)担任营业部经理,从事机械设备的销售工作。在职期间,李某又在B公司兼职,并将A公司机械设备低价转卖给B公司,给A公司造成经济损失。A公司主张李某利用职务之便,将机械设备低价销售给与其本人存在密切关联的B公司,严重违反双方劳动合同的约定及公司规章制度的规定,提出解除双方的劳动关系。李某则主张A公司违法与其解除劳动关系,遂向人民法院起诉,要求A

---

① 《劳动合同法》第47条规定,经济补偿按劳动者在本单位工作的年限,每满一年支付一个月工资的标准向劳动者支付。六个月以上不满一年的,按一年计算;不满六个月的,向劳动者支付半个月工资的经济补偿。劳动者月工资高于用人单位所在直辖市、设区的市级人民政府公布的本地区上年度职工月平均工资三倍的,向其支付经济补偿的标准按职工月平均工资三倍的数额支付,向其支付经济补偿的年限最高不超过十二年。

公司支付赔偿金 10 万元。

法院经审理后认为，B 公司与 A 公司存在机械设备买卖关系，李某之妻系 B 公司的唯一股东，李某本人为 B 公司的监事，在李某未能举证证明在 B 公司担任监事系经过 A 公司批准的情况下，法院对其主张不予采纳。李某任职 A 公司营业部经理期间，参与 A 公司与 B 公司之间的交易并出具低价销售的意见，明确建议两家公司签订买卖合同，其行为违反了 A 公司相关规章制度的规定，亦有违基本的职业操守，A 公司据此解除双方劳动关系并无不当，故驳回了李某的诉讼请求。

(2) 案例评析

如前所述，公司高级管理人员应当遵守法律、行政法规和公司章程，对公司负有忠实义务和勤勉义务。本案中，李某作为企业管理人员，不仅违反公司规章制度在其他企业兼职，而且利用职务之便，未经授权与自家公司进行交易，谋取不当利益，存在营私舞弊行为。对此，一方面，A 公司可以与其解除劳动关系，且无需支付补偿金或赔偿金，如有确切证据，还可以依法要求李某、B 公司赔偿损失；但另一方面，对于 A 公司已发生的损失，现实中往往因为无法充分举证和计算，较难挽回。

3. 案例三

(1) 案情简介

台湾地区居民李某在苏州一家金属制品公司工作，但是，其一直未办理台港澳人员就业证。后来，李某在公司电镀自动线调试生产时不慎烧伤。因双方协商申报工伤事项未果，李某将公司起诉至法院，请求确认自己与公司之间存在劳动关系。

(2) 案例评析

该案涉及前述劳动关系认定问题。根据法律规定，属于劳动关系范畴的纠纷方可适用相关劳动法律、法规的规定解决。换言之，如果劳动者不被认定为劳动关系中的劳动者，将得不到劳动法的保护。本案中，李某想通过工伤认定并得到相应的赔偿，前提之一就是需要确认自己与公司之间的劳动关系。

本案中，李某是台湾居民，虽事实上在公司工作，但一直没有办理就业证。根据最高人民法院《关于审理劳动争议案件适用法律若干问题的解释(四)》第 14.1 条规定："外国人、无国籍人未依法取得就业证件即与中国境内的用人单位签订劳动合同，以及香港特别行政区、澳门特别行政区和台湾地区居民未依法取得就业证件即与内地用人单位签订劳动合同，当事人请求确认与用人单位存在劳动关系的，人民法院不予支持。”①即李某与该苏州公司之间的事实劳动关系不被法律认可为劳动法律规范调整范围的劳动关系，故法院判决驳回其诉讼请求。

4. 案例四

(1) 案情简介

胡某受雇于一家台资公司。2013 年 2 月，公司以胡某上班时间睡觉，严重违反被告单位规章制度为由，解除与胡某之间的劳动合同。台资公司主张，双方的劳动合同中明确约定了“上班时间睡觉者，一律解除劳动合同，当天工资以旷职论处”。胡某不服，将台资公司诉讼至法院，诉称自己上班期间并未睡觉，公司解除劳动合同违反法律规定，要求公司支付违法解除劳动合同赔偿金。

(2) 案例评析

根据《劳动合同法》(2012 修正)规定，企业非因法定或合同约定的理由，不得单方解除劳动合同，否则应当向劳动者支付违法解除合同的赔偿金。本案中，台资公司虽有其与胡某间劳动合同的明确约定，上班时间睡觉可成为解除劳动合同的合法事由，但是，根据民事诉讼法“谁主张、谁举证”的基本规则，也根据最高人民法院《关于审理劳动争议案件适用法律若干问题的解释》(2008 调整)第 13 条“因用人单位作出的开除、除名、辞退、解除劳动合同、减少劳动报酬、计算劳动者工作年限等决定而发生的劳动争议，用人单位负举证责任”的规定，该公司对胡某上班期间睡觉的事实负有举证义务，因其未能举证，故法院判决支持胡某的诉讼请求。

(五) 防范对策

目前涉台劳动争议案件主要存在三大问题。一是企业管理制度不健全。如有的企业未建立严格的合同管理制度，导致合同到期后未及时续签；有的企业法律意识淡薄，制定的规章制度不符合法律规定，任意解除劳动关系。二是劳动者缺乏依法维权意识。如有的劳动者维权意识不强、维权不够及

---

① 根据《国务院对确需保留的行政审批项目设定行政许可的决定》(国务院令第 412 号)、《国务院关于第六批取消和调整行政审批项目的决定》(国发〔2012〕52 号)的规定，台港澳人员在内地就业实行就业许可制度，需办理《台港澳人员就业证》。但该项规定已为国务院于 2018 年 7 月 28 日发布的《国务院关于取消一批行政许可等事项的决定》(国发〔2018〕28 号)所取消。

时，有的劳动者诉求不合法、不合理。三是企业内部劳动争议处理机制存在缺陷。企业内部未建立相应的劳动关系协调机制，工会制度、职工代表大会制度、企业劳动争议调解制度缺失，使得大量涉台劳资纠纷未能及时化解。

故针对以上问题，可以采取如下风险防范措施：

1. 认真学习劳动法律、法规，恪守法定义务的强制性规定

学习企业人力资源管理所涉的基本法律制度内容，全面、充分了解《公司法》(2018 修正)、《劳动合同法》(2012 修正)等与企业高级管理人员、劳动合同制度的相关规定，特别是其中涉及企业义务的强制性规定，从而明晰其中法律责任和法律风险，并在企业管理中采取切实有效的具体措施加以落实。

2. 规范企业各项劳动规章制度

近年来，企业各类人力资源管理及劳动争议纠纷案件呈不断上升态势，防范法律风险形势较严峻。建立企业人力资源风险防控体系、规范内部各项制度化管理，是防范此类风险的重点。依法建立健全各项内部劳动规章制度，通过制度约束管理者和劳动者双方的行为，可以使劳动关系管理的工作有法可依并有章可循，使企业人力资源管理走向规范化、合理化，是有效预防劳动争议的一项重要程序。为避免承担经济损失或者其他法律风险的产生，企业人力资源管理部门可以根据法律风险的特性建立一套行之有效的制度、流程、表格和文本，提高人力资源管理的规范化管理水平。同时通过规范规章制度和工作流程，减少人为因素，可以降低法律风险产生的可能性。

3. 强化执行，切实规范日常管理流程

强化执行，将规范管理落实于各个管理环节的全过程，实现全程监控、全程管理和整体把握。由此，应当规范日常管理流程，建立风险事中监控机制。实际上众多的人力资源管理风险不在建章或立制层面，而在实际的操作执行层面，即所谓人力资源的节点风险控制。譬如招聘、录用、变岗和离职等重要的管理环节和节点是企业风险的高发之处。只有抓好制度的贯彻落实，才能实现管理水平的提升，降低人力资源法律风险。

4. 及时化解劳资矛盾、依法合理解决劳动纠纷

随着劳动关系矛盾的复杂化，协调劳动关系难度加大，及时、妥善、公正地处理劳动争议，对协调企业劳动关系、维护职工合法权益和企业改革发展稳定大局意义深远。

第五部分　合同所涉法律风险及其防范

一、合同与合同法

（一）合同及其法律性质

合同是当事人或当事双方之间设立、变更、终止民事关系的协议。《合同法》是调整合同关系的基本法。《合同法》分为总则和分则。总则部分对合同订立、合同效力、合同履行、合同变更和转让、合同权利义务的终止以及违约责任作出一般性规定。分则部分依据合同性质的不同列举了十九种类型的合同，这十九种合同和其他有具体法律规定的合同被称为有名合同，也称为典型合同。而那些法律暂时没有对其予以明确的合同就是无名合同，又称为非典型合同。无名合同的法律适用参照《合同法》对与其最相类似的有名合同的规定。

（二）合同法律制度体系

除《合同法》之外，合同的相关规定，主要见于《民法总则》、《最高人民法院关于适用〈中华人民共和国合同法〉若干问题的解释》（一、二、三、四）。《民法总则》对合同的成立与生效、合同的效力等都予以规定，司法解释则更多地基于实务考量，针对《民法总则》及《合同法》在实践运用中所反映出的问题，予以阐释与解析。

（三）合同所涉主要法律风险与问题

合同所涉的法律风险可以按照合同阶段划分，也可以按照合同内容划分：

1．合同相关阶段

企业在订立合同时，首先考虑的是与谁签订合同。一般来说，企业通常考虑得较多的是合同对象的信誉情况、经营状况、资信情况等对合同的影响，而对法律主体资格、行为能力、授权情况及企业治理结构等敏感度不足，而这些潜在的法律风险一旦爆发，给企业带来的损失往往是巨大的，特别是合同欺诈对企业影响将是致命的。

合同成立是合同生效的前提，在确立了合同交易对象后，就需要草拟文本、向指向的交易对象发出要约，并得到对方的承诺。故在合同成立的过程中主要有要约法律风险、承诺法律风险、合同性质法律风险以及与合同订立相关的制度下的法律风险。

合同履行是当事人为达到合同目的的行为过程，也是权利义务的直接体现形式。合同履行法律风险主要包括：合同条款争议的风险、合同履行不能（不适当）的风险、合同变更的风险、合同监管的风险。

在合同不能正常履行即当事人未按合同的约定履行合同义务时，当事人会选择以合同救济方式使合同继续履行或使当事人受损权益得到补救。合同救济对于合同正常履行及当事人权益保护具有重大意义。在法律框架下，合同救济的途径一般有和解（调解）、仲裁及诉讼，三种方式同样存在着多种法律风险。

2. 合同内容

合同内容的法律风险可以从两个方面考量：一方面，合同内容的法律风险是合同文本法律风险，即对于合同条款设计是否合理，如合同标的、质量、数量、履行方式、违约责任等的选择是否合理。另一方面，合同根据内容的不同又可以分为买卖合同、担保合同、建设工程合同等十九类有名合同和无名合同，不同内容的合同具有不同的特征，存在不同的法律风险。

二、买卖合同所涉法律风险及其防范

（一）买卖合同及其相关法律制度

买卖合同是出卖人转移标的物的所有权于买受人，买受人支付价款的合同。买卖是商品交换最普遍的形式，也是典型的有偿合同。与买卖合同相关的法律包括《合同法》第九章和我国缔结参加的国际条约，主要是《联合国国际货物销售合同公约》。

《合同法》是调整买卖合同的基本法，总则部分的规定是一般性规定，第九章（买卖合同）的规定是特别规定。《合同法》第九章对买卖合同的主体、买卖标的、买卖双方权利义务、风险负担、分期付款合同等内容进行了规定。

（二）法律风险与主要问题

买卖合同是最常见的合同形式，在企业日常运营中占据相当重要的地位，买卖合同法律风险也是企业合同法律风险管理工作的重中之重。

1. 合同主体

不符合法律、法规规定的签约主体或者无代理权、超出代理权限签订的合同一旦签订，合同权利义务的最终承担将无法保证，比如利用挂靠等方式虚拟合同主体等类似情况，在该种情形下，由于实际履行合同的主体缺乏必要的法律资格或经济方面实力较弱，更易发生履行合同困难或导致责任风险的产生；在代表人签约方面，法定代表人签约的限制性及一般员工授权的合法性需要在事前进行审查并核实，大量的合同签订特别是对于大型国有企业合同的签订，往往不会由法定代表人事事亲为，故授权代理制度的执行必须符合法律的规定；在合同相对人履约能力的法律风险防范方面，在签订合同之前对其工商基本情况、银行资信情况及周边的商业信誉作充分了解，在区别法律限制性主体的前提下防止履约主体虚假、履约主体不适格等情况发生。

2. 合同条款

(1) 合同必备条款

合同必备条款通常认为包括当事人条款和标的条款，必备条款的欠缺会直接导致合同的不成立。合同标的是合同权利义务指向的对象。合同没有标的，其指向就没有意义。故对合同标的的准确描述非常重要。如对标的物进行描述，注明物的名称、产地、品牌、规格、型号、等级、包装（软件产品的运行环境）等，如果标的物为服务或行为时，应对其内容、标准、体例、篇幅及附属范围进行明确约定。可以说合同争议的核心往往是围绕着合同标的展开，如果合同标的描述不明，则可能在争议时处于被动。

(2) 合同主要条款

除当事人之间达成的必备条款外，合同中的其它条款如价款（报酬）、数量、质量、履行方式、违约责任、争议解决等为合同的主要条款，该类条款允许在法律规定范围内自由协商并进行约定或补充约定。不能达成一致的按法律规定或交易习惯确定。《合同法》第 62 条规定了在当事人就有关合同内容约定不明确，事后又无法协议补充的内容确定标准：如“质量要求不明，按国标、行标或通常满足合同目的的特点标准执行；价款不明，按合同订立时履行地价格执行，有政府定价的按指导价执行；履行地不明，给付货币的在接受货币一方执行，其它标的在履行义务一方所在地执行；履行期限不明，债务人可随时履行，债权人也可给对方必要时间后随时要求履行；履行方式不明，按有利于实现合同目的的方式执行；履行费用不明，由履行义务一方负担”。

(3) 合同其他重要条款的法律风险

在合同的履行中除了必备条款、主要条款外，还有其它的重要条款也需要引起重视，如保密条款、风险转移条款、免责条款、担保条款等。

3. 合同履行

合同不履行或履行不适当是违约行为之一，合同不履行又可以分为拒不履行和履行不能。在实践中，有一些企业具有主观过错，借故不履行合同，需要守约方作出仔细判断。同时还会存在合同的债务人部分履行、拖延履行或提前履行等情况。

在合同履行的过程中还会出现合同变更产生的风险因素，主要包括合同主体变更风险和合同内容变更风险。主体变更表现为合同的权利义务转让给第三人。从法律风险管控的角度来看，第三人的履约能力以及资质对当事人来说存在未知的风险。比如发生合同债务转让时，受让人即新的债务人对于债权人而言就是一个新增的风险因素。受让人应当对其资质、诚信加以核查，否则可能导致债权实现障碍。内容的变更主要指合同内容因情势发生变化不可避免会发生变化，制订条款时当事人不可能穷尽合同每一项工作内容。根据现实情况的变化已经约定的条款可能会发生改变，再履行原合同条款已经没有必要。此时合同内容的变更对双方当事人来说就意味着风险的产生。对于风险本身来说，合同变更是一种增量的法律风险，其导致的直接后果是原合同履行的法律风险增大。对于合同变更的法律风险布控，需对合同履行过程中发生的情况进行分析，对确需变更的合同及时以书面形式将变更通知书、函件、补充协议等证据确定下来，对法律、法规规定变更合同须办理批准、登记手续的，依其规定。

(三) 案例与评析

1. 案例一

(1) 案情简介

台资企业 A 公司于 10 月份向 B 玩具厂订购了一批玩具，总价值约 30 万元,A公司预付了货款20%,即6万元,约定年底交货。12月A公司打电话给B玩具厂的经理要求变动一下玩具的颜色。当时B公司经理不在,接电话人员记下电话内容后,就忘了此事。交货时,B玩具厂仍按照原约定标准交货。A公司验货发现玩具颜色没有变化,遂致电B玩具厂。B玩具厂经理称并不知晓此事,而接电话人员也否认接到过变更颜色的电话。之后,A公司认为B玩具厂存在违约,拒付货款,B玩具厂即提起诉讼,要求A公司承担违约责任。

(2) 案例评析

本案涉及卖方合同实际履行过程中的合同内容变更情形。

《合同法》总则第五章对合同变更和转让进行了规定,其中,第77条规定:"当事人协商一致,可以变更合同;法律、行政法规规定变更合同应当办理批准、登记等手续的,依照其规定。"本案中,A公司和B玩具厂签订的玩具买卖合同依照该条规定可以在当事人协商一致的情形下发生变更,实际上,A公司也通过向B玩具厂打电话通知的方式提出了变更请求。但本案的问题在于,A公司如何证明双方已就变更事项达成了一致?即使如A公司所说,其向B玩具厂发出了变更请求(电话),但一是并未与B公司经理直接通话;二是B公司其他人员接到电话是否承诺转达并同意变更,该人员有无承诺权限,均未可知。

实践中,在合同变更中经常出现这样的问题,这类问题本身涉及一方当事人变更请求是否送达,而另一方的代理人是否有代理权限,双方是否达成有关变更的一致意见。更进一步,根据当事人一方的变更请求事项的不同,还会发生对合同性质等变化的情形。由此,一旦发生诉讼,就会存在本案A公司面临的困境:在对方矢口否认的情况下,无法证明约定变更的事实。合同变更一般采用书面形式,口头变更合同在任何一方不承认或未有确切证据表明对方同意时,法院自然无法认定已发生变更。所以,企业应当尽量避免口头约定变更合同内容,对形成合同变更的往来函件应予以保存,否则在发生争议情况时,将因难以举证而发生损失。

此外,《合同法》第77.2条要求某些合同的变更需要符合法律、行政法规有关变更合同应当办理批准、登记等手续的规定。涉及合同主体变更,特别是建筑、医药等行业对合同主体都有严格的主体资格限制,当事双方在进行此类合同主体变更时应当特别关注变更后的相对方是否具有法律、行政法规要求的资质。

2. 案例二

(1) 案情简介

A 股份有限公司系台资企业，自 2009 年起与 B 有限公司有业务往来。B 公司作为甲方，A 公司作为乙方于 2009 年 4 月 23 日签订《品质合约书》。《品质合约书》第 1.1 条约定："本合约书为双方间有关物料品质之基本条款，除经双方书面另行约定变更者外，本合约条款适用于双方间有关物料之一切买卖，包括但不限于双方签署之物料买卖合约或订货单；如本合约条文与物料买卖合约或订货单内容有所抵触时，本合约条款之效力应优于物料买卖合约或订货单而优先适用。"第 12 条准据法与仲裁合意约定："本合约以中华人民共和国法律为准据法，双方同意因本合约所致之任何纠纷与争议应由中国国际经济贸易仲裁委员会上海分会依据该会仲裁规则解决。"

2012 年 1 月 6 日至 2012 年 9 月 18 日期间，双方当事人通过 B 公司 B To B网上系统形成包含涉案货物在内的订单 34 份，货款达 695 256.03 美元。B 公司收货后，未能依约支付货款，A 公司发函催讨货款未果，遂于 2014 年 5 月 9 日诉至法院。B 公司在一审中提出反诉，主张 A 公司交付的货物存在质量问题，A 公司应赔偿 B 公司的损失。一审法院认为，B 公司的反诉不予受理。在二审中，B 公司对此事项提起上诉。经审理认定根据《品质合约书》第 1.1 条、第 12 条的约定，双方当事人之间的货物质量问题适用《品质合约书》的约定，而与《品质合约书》有关的争议应提交中国国际经济贸易仲裁委员会上海分会仲裁。因此，对 B 公司提起的反诉，人民法院没有管辖权，一审法院不予受理并无不当。二审法院遂驳回其上诉请求、维持原判。

(2) 案例评析

在商业环境下，本案所含的法律风险较为常见。台资企业在订立买卖合同时，应注意法院管辖与仲裁管辖的区别并在权衡利弊后作出选择。《仲裁法》(2009 修正)第 5 条："当事人达成仲裁协议，一方向人民法院起诉的，人民法院不予受理。"另外，具体在何种情形下适用仲裁，此种相对意思自治的管辖模式，对最后案件的审理结果也相当重要。一言以蔽之，台商在签订买卖合同时，对合同项下的相关条款应仔细斟酌，从而将买卖法律风险降到最低，更好地维护自身权益。

(四) 防范对策

1. 事前预防

无论采购合同或是销售合同，签约前的准备工作非常重要，这也是"预防胜于治疗”这一风控原则在买卖合同风险防范过程中的具体要求。此类工作不但包括对签约对象的资格预审、现场考察、约谈面试、尽职调查等，也包括合同条款的起草、谈判、修订及合同技术附件的反复确认。上述准备工作做得越细致，合同签订后的履行过程出现争议或纠纷的概率就越低。

2. 合同审批与监管

一是审批过程的每一个环节都不能遗漏，二是审批顺序不可颠倒或越级，否则依然难免出现意想不到的法律风险。合同履行过程中的动态监控制度非常关键，这也是企业法律部门应当发挥作用的一个重要环节。企业控制买卖合同法律风险的主要手段之一就是按照“预防胜于治疗”的风控原则，通过动态监督买卖合同履行过程中的潜在法律风险，对每一份合同在履行过程中的异常情况及时提出切合实际的法律解决方案，并协助管理层化解潜在的纠纷，防止“小事化大”，避免最终法律风险的爆发。

3. 事后控制

第一，合同文件的保管。合同文件包括但不限于主合同、技术附件、补充协议、合同变更令、会议纪要等所有与合同履行过程有关的文件，不仅要保存原件，还要将所有原件扫描后保存电子档以备不时之需。

第二，对外部律师事务所工作的配合与监管。买卖合同双方的争议一旦无法通过协商方式解决，就只能走入仲裁或诉讼程序。到了这个阶段，企业一般需聘请专业的律师事务所介入予以解决，特别是诉讼标的额巨大或者牵涉的法律关系非常复杂的案件，因为企业的内部法律人员与外部的专业律师各有优势，前者的优势在于熟悉企业的内部情况及案件的整体情况，后者的优势在于专业的诉讼解决经验。企业的法律部门这时所扮演的角色应当是代表及协助企业管理层，在选择及管理高性价比的外部律所以及提供证据材料和企业内部沟通等具体工作上发挥积极有效的作用，争取使案件得到一个较为圆满的处理结果，以尽量帮助企业降低成本、减少损失。

第三，买卖合同模版的定期更新。无论多么完善的合同版本，随着时间的推移，都需要“与时俱进”，常见原因有：外部法律环境（如国家法律、法规或政策的变化）的变化，企业自身商业模式的变化，以往案件的经验总结等，企业法律部门在这方面发挥着其他部门不可替代的作用。例如，商务部门依据企业新的商业模式所修订的合同版本，如不经过法律部门重新审核的话，其法律风险是无法得到有效控制的。

4. 合同救济

违约行为可分为合同履行不适当及合同不履行，合同不履行又可分为拒不履行及履行不能。对于合同履行不能的法律风险治理,可采用中止履行、行使不安抗辩权、解除合同、追究违约责任等方式进行处理。对于采用部分履行的债务人来讲,其法律风险可能来自于对违约行为责任的承担;对于采用提前履行或迟延履行的债务人来讲,其情况的复杂性也导致了法律风险种类较多,通常的难点在于如何判断债务人的行为是否损害债权人的利益。提前或迟延方需承担相应的法律责任(如滞纳金)。对于合同履行不适当的法律风险防范,可采用的方式为尽可能按约定履行合同、实现合同目的,如需提前或延迟履行,应与债权人及时沟通,协商以实现合同的变更并将损失降低到最小限度。

三、担保合同所涉法律风险及其防范

(一) 担保及其主要形式

担保,是指在借贷、买卖、货物运输、加工承揽等经济活动中,债权人为保障其债权实现的,以债务人或第三人的信用或者特定财产来督促债务人履行债务的制度。

担保方式是指担保人用以担保债权的方法和手段。我国实行的是担保方式法定主义。

根据《担保法》第 2 条的规定,我国采用的担保方式为保证、抵押、质押、留置和定金。《物权法》在第四编担保物权中规定的设立担保物权的方式为抵押、出质以及留置。在我国担保制度下,当事人选择采取何种方式担保由当事人自主决定,但需明确的是当事人对于担保方式原则上仅有选择权而无创设权。[①]《担保法》与《物权法》规定的不同的担保方式所涉法律规则存在很大的差异,保障债权实现的功能也不完全一样,需要分别加以分析。

1. 保证

保证是人的担保。《担保法》第 6 条规定:“本法所称保证,是指保证人和债权人约定,当债务人不履行债务时,保证人按照约定履行债务或承担责任的行为。”据此,保证具有以下几点法律特征：一是从属性,即保证与其所担保的债形成主从关系,保证之债是一种从债,保证合同是主合同的从合同,保

① 参见郭明瑞:《担保法》(第三版),中国人民大学出版社,2011 年版,第 8 页。

证债务是主债务的从债务。[①] 二是无偿性，在保证人和债权人的保证合同关系中，债权人享有保证债权而不需要偿付一定的代价，保证人承担保证责任而不从债权人取得报酬。三是单务性，即保证合同作为单务合同，在保证之债中只有保证人负担义务，而债权人在此合同下仅享有权利而不承担义务。

根据我国《担保法》第 16 条，法律上承认的保证方式有两种：一般保证与连带责任保证。一般保证是指当事人在保证合同中约定，债务人不能履行债务时，由保证人承担保证责任。根据《担保法》第 17 条的规定，一般保证的保证人在主合同纠纷未经审判或者仲裁，并就债务人财产依法强制执行仍不能履行债务前，对债权人可以拒绝承担保证责任。连带责任保证是指当事人在保证合同中约定保证人与债务人对债务承担连带责任。连带责任保证的债务人在主合同规定的债务履行期届满没有履行债务的，债权人可以要求债务人履行债务，也可以要求保证人在其保证范围内承担保证责任。

2. 抵押

抵押是设立担保物权的一种方式。一般抵押权是指为担保债务的履行，债务人或者第三人不转移财产的占有，将该财产抵押给债权人的，债务人不履行到期债务或者发生当事人约定的实现抵押权的情形，债权人有权就该财产优先受偿。

因为抵押权是一种担保物权，它具有担保的物权的所有特征，例如从属性、特定性等，但是抵押权也有区别于其他担保物权的特性，抵押权具有追及性，即抵押成立以后，无论抵押物落入何人之手，抵押权人均可追及该抵押财产而行使抵押权。在其他担保物权中，一旦担保财产脱离担保权人的占有，担保权即告消灭。[②] 而在抵押权中，若抵押人擅自转让抵押财产，则抵押权仍旧存在，抵押权人可以继续对抵押财产行使权利。

3. 质押

质权是指当债务人不履行到期债务或者发生当事人约定的情形时，债权人得以其占有的由债务人或者第三人提供为质押担保的财产的价值优先于其他债权人受偿其债权的权利。[③] 质权与抵押权有两方面区别，一是质押财产由质押权人占有，而抵押权人不占有抵押财产；二是质押财产不能涉及不动产权利，而抵押财产可以为不动产。

---

① 参见郭明瑞：《担保法》(第三版)，中国人民大学出版社，2011 年版，第 29 页。

② 参见郭明瑞：《担保法》(第三版)，中国人民大学出版社，2011 年版，第 82 页。

③ 参见郭明瑞：《担保法》(第三版)，中国人民大学出版社，2011 年版，第 126 页。

4. 留置

留置是指债务人不履行到期债务，债权人可以留置已经合法占有的债务人的动产，并有权就该动产优先受偿。留置具有三方面的特点：一是留置权是在债权人占有的债务人的动产上发生的物权；二是留置权是债权人在其债权未受清偿前得留置其占有的与该债权的发生有牵连关系的动产的权利；[①] 三是留置权人可以支配标的物的价值。

留置权区别于质权、抵押权，是一种法定担保物权，只要具备法律规定的条件就可以成立留置权而无须当事人的约定。但与此同时，留置权成立的法律规定并非强行性规定，当事人可以约定有关动产不得留置。另外，留置权有优先于质权、抵押权的效力，根据《物权法》第 239 条的规定，同一动产上已设立抵押权或者质权，该动产又被留置的，留置权人优先受偿。

5. 定金

定金是指为担保合同的订立、成立生效、履行，当事人一方向对方给付的一定金钱或代替物。[②] 定金具有四方面的特点：其一，定金为金钱担保。其二，定金仅涉及双方当事人，而不涉及第三人。其三，定金具有双重担保性。定金对于双方当事人均有担保作用，交付定金的一方拒绝订立合同、不履行债务或者解除合同的，即丧失定金；而收受定金的一方拒绝订立合同、不履行债务或解除合同的，应当双倍返回定金。其四，定金的成立以标的物交付为要件，定金合同自实际交付定金之日起生效。定金的数额最高不得超过主合同标的额的百分之二十。

6. 其他

上述担保形式在商业实践中有时会演变成较为复杂的形式，出现权利义务的重新排列组合，例如反担保、涉外担保、内保外贷以及顺应商业交易效率性的要求发展起来的独立保函业务等。

(1) 反担保

反担保是指债务人或第三人向为主债务人履行主债务提供担保的担保人提供的，保障担保人的追偿权实现的担保，因此又被称为求偿担保。[③] 反担保是以担保的存在为前提的，是担保人用以避免担保风险的一种手段。

① 参见郭明瑞：《担保法》(第三版)，中国人民大学出版社，2011 年版，第 162 页。
② 参见郭明瑞：《担保法》(第三版)，中国人民大学出版社，2011 年版，第 180 页。
③ 参见郭明瑞：《担保法》(第三版)，中国人民大学出版社，2011 年版，第 19 页。

(2) 对外担保

对外担保,是指中国境内机构以保函、备用信用证、本票、汇票等形式出具对外保证,以法律规定的财产或权利对外抵押或质押,向中国境外机构或者境内的外资金融机构承诺,当债务人未按照合同约定偿付债务时,由担保人履行义务或者由受益人依法将抵押物、质物拍卖、变卖的价款优先受偿的行为。

(3) 内保外贷与外保内贷

内保外贷与外保内贷均是跨境担保的重要形式。跨境担保是指担保人向债权人书面作出的、具有法律约束力、承诺按照担保合同约定履行相关付款义务并可能产生资金跨境收付或资产所有权跨境转移等国际收支交易的担保行为。内保外贷是指担保人注册地在境内,债务人和债权人注册地均在境外的跨境担保。外保内贷是指担保人注册地在境外,债务人和债权人注册地均在境内的跨境担保。

(4) 独立保函

独立保函是指银行或非银行金融机构作为开立人,以书面形式向受益人出具的,同意在受益人请求付款并提交符合保函要求的单据时,向其支付特定款项或在保函最高金额内付款的承诺。独立保函具有三方面特征:其一,独立于基础交易。其二,独立保函具有确定性,除非涉嫌欺诈例外,在受益人请求付款并提供与保函约定相符合的单据后,担保人不得拒绝付款。其三,付款的效率性特征,自受益人提示付款之后,担保人必须在合理的时间内付款。

(二) 担保主要法律

1. 法律

在我国,与担保有关的法律主要包括《担保法》、《物权法》、《合同法》、《公司法》(2018 修正)等。

(1) 担保法

《担保法》是调整担保法律关系的基本法。《担保法》分为七部分,规定了总则、保证、抵押、质押、留置、定金和附则,明确了我国担保适用保证、抵押、质押、留置和定金五种担保方式以及确定了“动产”、“不动产”、“保证合同”、“抵押合同”等专业法律术语的概念。

（2）物权法

《物权法》第四编对担保物权进行了规定，对担保物权的概念、设立及消灭、实现顺序等进行了一般规定，对抵押权、质权和留置权进行了详细规定。需要特别注意的是，《物权法》是新法，而《担保法》是旧法，《物权法》第 178 条规定："担保法与本法规定不一致的，适用本法。"由此，在二者规定发生冲突时，《物权法》具有效力上的优先性。

（3）合同法

担保是以合同方式加以规定的，因而担保合同的内容除受到《担保法》、《物权法》的调整外，还受到《合同法》的调整，包括对合同订立、效力、履行、变更和转让的调整。

此外，《合同法》第 115 条对定金做了专门规定，即"当事人可以按照《担保法》约定一方向对方给付定金作为债权的担保。债务人履行债务后，定金应当抵作价款或者收回。给付定金的一方不履行约定的债务的，无权要求返还定金；收受定金的一方不履行约定的债务的，应当双倍返还定金"。

（4）公司法

《公司法》（2018 修正）涉及担保的，是对公司对外担保的规定，相关规定集中在第 16 条、第 104 条、第 121 条以及第 148 条中。

2. *行政法规*

与担保有关的行政法规主要是《跨境担保外汇管理规定》，该规定取消了或大幅度缩小跨境担保的数量控制范围和登记范围，合理界定跨境担保的外汇管理范围和监管责任边界，将事前审批转向事后监管，进一步强化了风险防范。

此外，该规定着重对内保外贷与外保内贷以及物权担保的外汇管理进行了规定。在内保外贷的情况下，担保人签订内保外贷合同后，应当按照规定办理内保外贷登记；同时担保人在办理相关业务时，有对债务人主体资格、担保项下资金用途、预计的还款资金来源等进行审核以及尽职调查的义务，并应当以适当的方式监督债务人按照其申明的用途使用担保项下资金；内保外贷业务发生担保履约的，成为对外债权人的境外担保人或反担保人应当按照规定办理对外债权登记手续。

在外保内贷的情况下，对于境内机构办理外保内贷业务有较为严格的限制，债务人需为在境内注册经营的非金融机构，债权人为在境内注册经营的金融机构，担保标的为金融机构提供的本外币贷款或有约束力的授信额度，满足一系列条件后方可接受境外机构或个人提供的担保；外保内贷业务发生境外担保履约的，境内债务人应到所在地外汇局办理短期外债签约登记及相关信息备案手续。

3. 司法解释

与担保有关的司法解释，主要是《最高人民法院关于适用〈中华人民共和国担保法〉若干问题的解释》（以下简称“《担保法司法解释》”）和《最高人民法院关于审理独立保函纠纷案件若干问题的规定》（以下简称“《独立保函司法解释》”）。

《独立保函司法解释》自 2016 年 12 月 1 日起施行，首次肯定了独立保函在国内交易的适用。《独立保函司法解释》对独立保函作了较为细致全面的规定，具体表现为：其一，严格界定欺诈情形的证明标准；其二，严格规范止付程序。司法解释有关条文还规定了止付裁定的期限和内容、复议机关、错误申请的赔偿责任等，意在对止付程序加以严格规范，防止止付程序被滥用，有效维护程序公正与实体公正的统一。①

4. 国际条约、国际惯例

与担保相关的国际条约、国际惯例主要是《联合国独立保函与备用信用证公约》、《国际商会见索即付保函统一规则》、《备用信用证惯例》。商事交易主体在进行商事交易需要开立独立保函时，可以自由约定使用国际惯例与国际公约。但需要注意的是，相关制度并不具有一致性，所以在选择适用规则时应当慎重，注意风险防范。

（三）法律风险与主要问题

1. 担保合同的签订

（1）担保方式选择不当

《担保法》第 2 条规定的担保方式为保证、抵押、质押、留置和定金。不同的担保方式具有不同的特点，产生的法律效果不尽相同。因此债权人选择不同的担保方式对其债权的保障方式也不同，比如，保证是人的担保，主要基于保证人的信用；而抵押和质押是物的担保，设立的是担保物权。其中抵押不转移抵押物的占有，在债务人不履行债务时债权人有权优先受偿抵押物折抵

① 2016 年 11 月 21 日，最高人民法院发布并介绍《最高人民法院关于审理独立保函纠纷案件若干问题的规定》相关内容并回答记者提问，载 http://www.court.gov.cn/zixun-xiangqing-31221.html，最后访问时间：2017 年 11 月 12 日。

的价款，但是质押一般就需要转移物的占有等。如果担保人或是担保权人对于担保方式的特点以及操作方式没有详细的了解，可能选择错误的担保方式，在履行过程中出现债权人债权难以实现或者保证人承担过重保证责任的现象。

另外，商事交易中出现了最高额担保合同、反担保合同以及独立保证合同等形式，所涉法律关系较为复杂。在不合适的情形下选择不当的担保方式，将对担保合同当事人的利益造成侵害，可能不仅不能起到担保作用，还会导致更大的损失。

(2) 担保标的合规性

《担保法司法解释》第 5 条规定："以法律、法规禁止流通的财产或者不可转让的财产设定担保的，担保合同无效。"以抵押权为例，《物权法》第 184 条中明确规定了不得抵押的财产，包括：土地所有权；耕地、宅基地、自留地、自留山等集体所有的土地使用权，法律规定可以抵押的除外；学校、幼儿园、医院等以公益为目的的事业单位、社会团体的教育设施、医疗卫生设施和其他社会公益设施；所有权、使用权不明或者有争议的财产；依法被查封、扣押、监管的财产；法律、行政法规规定不得抵押的其他财产。如果以上述财产作为抵押担保合同的标的，则该合同无效，则无法实现对债权人债权的保障功能，将对债权人的利益保护带来较大的风险。

(3) 担保主体资格瑕疵

如果担保主体不具有相应的担保资质，将直接导致担保合同无效，这无疑大大增加了债权人的法律风险。具体而言，不具有担保资质的主体主要有：无民事行为能力人与限制民事行为能力人；法律禁止担保的机构和的单位，比如学校、幼儿园、医院等以公益为目的事业单位和社会团体。同时，一般情况下人民银行、国家机关不得担任保证人，未经法人书面授权企业法人的分支机构也不得担任保证人等。在担保实践中，往往有些债权人不注意审查保证人的主体资格，致使有些不能担保或者没有条件担保的单位或个人进行了担保，结果导致保证合同无效，这对债权人本身的利益保护十分不利。

(4) 合同中格式条款

格式条款是当事人为了重复使用而预先拟定，并在订立合同时未与对方协商的条款。《合同法》第 39 条规定："采用格式条款订立合同的，提供格式条款的一方应当遵循公平原则确定当事人之间的权利和义务，并采取合理的方式提请对方注意免除或者限制其责任的条款，按照对方的要求，对该条款予以说明。”需要注意的是，提供格式条款的一方并无义务对所有格式条款进行说明，仅在该条款有免除或者限制格式条款提供者责任、并且在格式条款接受方的要求下才负有说明义务。因此，若保证合同中含有格式条款，格式条款接受方应当仔细审阅所有条款，如果有不清楚、不理解之处，要求格式条款提供者进行说明。如果贸然签订格式合同或接受格式条款，可能会使格式条款接受方的正当利益难以得到保护，增加其在商业交易中承担的风险。

2. 履行担保合同过程

(1) 对担保权的设定未履行法定手续

我国《担保法》对特定物进行担保的形式要件进行了规定，以抵押权为例，《物权法》第 187 条规定，以建筑物和其他土地附着物、建设用地使用权、以招标、拍卖、公开协商等方式取得的荒地等土地承包经营权或正在建造的建筑物抵押的，应当办理抵押登记。抵押权自登记时设立。这是抵押权的“登记生效主义”。《物权法》第 188 条规定，以生产设备、原材料、半成品、产品、交通运输工具以及正在建造的船舶、航空器抵押的，抵押权自抵押合同生效时设立；未经登记，不得对抗善意第三人。这是抵押权的“登记对抗主义”。如果不履行法定的登记手续，对于以第 187 条中的物为标的的抵押而言，抵押权未被设立无法定效力；对于以第 188 条中的物为标的的抵押而言，虽然抵押权已经设立了但是无法据此对抗善意第三人。因此，抵押合同签订后，如果不履行相应的登记手续，将造成抵押权人（担保权人）的权利未被法律认可的情形，不利于其合法权益的保护。

(2) 担保财产存在权利瑕疵

在商事交易中，一项价值较大的财产可以按次序分别设立不同的担保。以抵押为例，这里的权利瑕疵主要是指两种情况：一种是抵押人在一项财产上设置多个抵押权，重复抵押，并对有关情况进行隐瞒，使抵押财产的价值远远大于被担保的财产价值，致使债权人抵押权落空。第二种情况是指抵押人将其无权抵押的财产设定抵押，此时提供抵押的人并非财产的所有权人，或对该财产不具有处分权，进行抵押后当财产真正所有人提出权利要求时，该虚假抵押不具有法律效力，而此时债权人抵押权同样落空。当债务人不履行到期债务时，担保权人的合法利益将难以得到保证。

(3) 担保合同主合同变更或转让

《合同法》第 84 条规定：“债务人将合同的义务全部或者部分转移给第三人的，应当经债权人同意。”即未经债权人同意，债务转移不发生效力。由此，债权人必须清醒地认识到，同意债务人转移债务，也就自愿承担了债务承担人不能清偿的风险。

《物权法》第175条规定："第三人提供担保，未经其书面同意，债权人允许债务人转移全部或者部分债务的，担保人不再承担相应的担保责任。"据此，在抵押人为物上保证人时，无论主债务全部转移还是部分转移，只要未经抵押人书面同意继续担保，抵押人相应的担保责任就消灭，从抵押权人的角度说，抵押权即告消灭。当债务人不履行到期债务时，担保权人的合法利益将难以得到保证，由此产生了较大的法律风险。

3. 担保合同争议解决过程

(1) 担保期限经过

《物权法》第202条规定："抵押权人应当在主债权诉讼时效期间行使抵押权；未行使的，人民法院不予保护。"《担保法》第26条规定："连带责任保证的保证人与债权人未约定保证期间的，债权人有权自主债务履行期届满之日起六个月内要求保证人承担保证责任。在合同约定的保证期间和前款规定的保证期间，债权人未要求保证人承担保证责任的，保证人免除保证责任。"另外，《担保法司法解释》第12条规定："当事人约定的或者登记部门要求登记的担保期间，对担保物权的存续不具有法律约束力。担保物权所担保的债权的诉讼时效结束后，担保权人在诉讼时效结束后二年内行使担保物权的，人民法院应当予以支持。"

据此，我国法律制度下的担保期间的性质为除斥期间。除斥期间是指法律预定某种权利于存续期间届满当然消灭的期间，为不变期间，不因任何事由而中止、中断或延长，因此法律规定或合同约定的担保期间届满，债权人要求担保人承担担保责任的实体权利归于消灭，可能出现担保人免除担保责任的风险。这就要求担保权人在这种情况下应当及时行权，以保全自己的合法债务，避免发生不必要的损失。

(2) 担保合同争议解决条款与主合同相矛盾

当主合同与担保合同约定不同法院管辖时，《担保法司法解释》第129条规定："主合同和担保合同发生纠纷提起诉讼的，应当根据主合同确定案件管辖。担保人承担连带责任的担保合同发生纠纷，债权人向担保人主张权利的，应当由担保人住所地的法院管辖。主合同和担保合同选择管辖的法院不一致的，应当根据主合同确定案件管辖。"实践中会引发的法律风险是：如果主合同和担保合同仅其中一项约定了仲裁条款时，该仲裁条款是否能够对另一合同产生扩张约束效力？对此，司法实践与理论中存在争议。如果主合同约定了仲裁条款而担保合同未约定，又判断其具有扩张约束效力，则可能由于担保合同当事方并不愿意接受仲裁管辖而倾向于采用诉讼的方式确定权利义务关系，因而既违背其真实意思，也因此带来一些争议解决上的矛盾与扯皮，从而增加担保当事人维权的成本以及风险。

（四）案例与评析

1. 案例一

（1）案情简介

2013年10月8日，南京某银行与江苏某商业管理有限公司（下称商业公司）签订《人民币固定资产借款合同》，约定：商业公司向银行借款人民币500万元，用于支付工程款、广告费等先期费用，借款期间为2013年9月27日至2015年9月26日；甲（台湾居民）作为保证人，提供连带责任保证担保，并与银行签订相应保证合同；合同适用中华人民共和国法律。同日，银行与甲签订保证合同，约定甲为上述借款合同形成的债权提供连带责任保证担保，该合同适用中华人民共和国法律。

截至2015年3月29日，商业公司屡屡违约，累计已欠银行到期借款本金150万元，利息、罚息及复利158 432.53元。根据合同约定，银行有权宣布商业公司借款提前到期，并要求保证人立即履行保证责任。

因商业公司未能按约偿还借款本息，银行提起诉讼，请求判令：1. 被告商业公司立即偿还借款本金500万元及利息、罚息、复利（截至2015年3月29日共计为158 432.53元，2015年3月30日起至借款本息全部清偿之日止按约计算）；2. 被告商业公司承担律师费110 600元；3. 被告甲对上述第1、2项诉讼请求承担连带保证责任；4. 两被告承担本案诉讼费。

（2）案例评析

甲系台湾居民，本案属于涉台商事纠纷，应当比照涉外商事案件处理。根据《涉外民事关系法律适用法》（以下简称"《法律适用法》"）第41条的规定，当事人可以协议选择合同适用的法律。本案所涉合同中，当事人明确约定了适用祖国大陆法律，故祖国大陆法律为解决本案纠纷的准据法。

本案中，银行与商业公司签订借款合同，甲为商业公司的借款提供连带责任保证担保，因此在商业公司未能按约还款时，银行依据《担保法》第18条的规定，当事人在保证合同中约定保证人与债务人承担连带责任的，为连带保证责任。连带责任保证的债务人在主合同规定的债务履行期届满没有履行债务的，债权人可以要求债务人履行债务，也可以要求保证人在其保证范围内承担保证责任。因此，银行以商业公司和甲为被告，诉请二者承担连带清偿责任，于法有据。如前所述，保证责任包括一般保证责任与连带保证责任，根据《担保法》第 17 条规定，一般保证的保证人在主合同纠纷未经审判或者仲裁，并就债务人财产依法强制执行仍不能履行债务前，对债权人可以拒绝承担保证责任。相比较而言，连带责任保证的保证人没有一般保证责任所享有的先诉抗辩权，因而其承担保证责任较重，风险较大。当然，甲在对案涉债务承担连带清偿责任后，有权就其实际承担责任部分向商业公司追偿。

2. 案例二

(1) 案情简介

上海某投资管理有限公司(下称上海公司)、第三人甲(台湾)与被告乙签订股权转让协议一份，约定：原告上海公司和甲将其各自所持有某投资管理有限公司(以下简称投资公司)的全部股权转让给乙，其中原告上海公司持有 85%的股权，甲持有 15%的股权。被告江苏某公司(以下简称江苏公司)为被告乙出具担保书，对被告乙履行涉案股权转让协议进行担保。原告上海公司按约履行了合同义务，并依法办理了股权变更登记手续；被告江苏公司代替被告乙支付了前两批股权转让款 3 000 万元，但未支付第三批股权转让款。

上海公司向法院起诉，诉请乙支付剩余转让款、江苏公司承担连带还款责任。被告乙辩称上海公司在签订涉案股权转让协议的过程中存在欺诈行为，故反诉要求撤销涉案股权转让协议。被告江苏公司认为涉案股权转让协议应当依法予以撤销，因此担保书因股权转让协议的撤销而不发生效力。

第三人甲认为其在本案中存在独立请求权，诉称：投资公司的实际经营均由上海公司负责，2013 年 2 月，上海公司在甲完全没有准备的情况下，要求转让徐州公司的股权，并发函催促甲决定是否行使优先购买权。甲作为小股东对投资公司的经营无法干涉，对股权受让方乙的履行能力也提出了质疑，但由于上海公司、江苏公司均向甲提供了担保书，甲遂于 2013 年 3 月 13 日签订了涉案股权转让协议，但投资公司的股权经工商登记变更后，乙没有完全履行支付股权转让款的义务。甲主张，涉案股权转让协议中，自己应得款项 400 万元，故请求法院判令：1. 乙、江苏公司、上海公司连带支付股权转让款 300 万元(包括：乙已支付的 3 000 万元中，上海公司少付的 50 万元、乙未向甲履行的 119.25 万元、某设计院 80 万元、承兑汇票损失及由于承兑汇票引发诉讼而产生的损失)。2. 乙、江苏公司、上海公司连带赔偿甲经济损失 100 万元。

对于甲的诉请，上海公司答辩称：甲已经获得了 400 万元的股权转让款，剩余部分应由乙、江苏公司承担，上海公司不应承担付款责任；乙、江苏公司共同答辩称：甲与上海公司间的股权转让纠纷与乙、江苏公司无关。

(2) 案例评析

本案第三人甲是台商，属于涉台民事案件，应参照涉外民事案件处理。本案各方争议的焦点问题，一是股权转让协议是否应当被撤销；二是如果股权转让协议被撤销，担保合同的效力问题。

首先，经法院审理查明，涉案股权转让协议签订的基础，是乙意图通过收购上海公司、甲在投资公司的股权而获得该目标公司拥有的一地产项目的开发经营权。但是，甲在明知乙收购意图的情况下，故意隐瞒其已经放弃涉案地产项目后续开发经营权的事实，存在欺诈和隐瞒重要事实的行为，对乙的利益造成了极大的损害。《合同法》第 54 条规定：“下列合同，当事人一方有权请求人民法院或仲裁机构变更或者撤销：(一) 因重大误解订立的；(二) 在订立合同时显失公平的。一方以欺诈、胁迫的手段或者乘人之危，使对方在违背真实意思的情况下订立的合同，受损害方有权请求人民法院或者仲裁机构变更或者撤销。当事人请求变更的，人民法院或者仲裁机构不得撤销。”据此，乙有权撤销涉案股权转让协议。《合同法》第 56 条规定：“无效的合同或者被撤销的合同自始没有法律约束力。合同部分无效，不影响其他部分效力的，其他部分仍然有效。”即涉案股权转让协议因被依法撤销而自始没有法律约束力。

其次，在涉案股权转让协议被撤销的情况下，江苏公司为乙出具担保履行涉案股权转让协议的担保合同是否有效?《担保法》第 5 条规定：“担保合同是主合同的从合同，主合同无效，担保合同无效。担保合同另有约定的，按照约定。”同时。《担保法司法解释》第 8 条规定：“主合同无效而导致担保合同无效，担保人无过错的，担保人不承担民事责任；担保人有过错的，担保人承担民事责任的部分，不应超过债务人不能清偿部分的三分之一。”本案中的江苏公司提供的担保合同应当随主合同的无效而一并归于无效；与此同时，由于股权转让合同无效是因为上海公司的欺诈行为所致，乙与江苏公司对此并无过错，因此无需承担民事责任。

3. 案例三

(1) 案情简介

A公司与B公司签订《车辆租赁合同》，约定B公司租赁A公司所有的马自达车辆一台，租赁期间为2012年9月22日至2015年9月21日，共36期，租金为每月7 500元，于每月22日前支付当期租金，甲(台湾居民)和乙(台湾居民)作为B公司连带保证人在合同上确认签字。合同签订后，A公司仅于2012年9月22日至2014年5月22日收到B公司共20期租金，共计150 000元。2014年5月后，虽经A公司多次催讨，B公司均以各种理由推脱并拒绝履行其应尽之付款义务，甲、乙也拒绝履行相应的连带保证责任。A公司遂诉至法院，诉请判令B公司承担逾期租金、滞纳金以及违约金，甲、乙承担连带清偿责任。

(2) 案例评析

首先，关于本案的法律适用，一方面，A公司与B公司都是中国大陆的企业，合同履行地在中国大陆，因此其签订车辆租赁合同所引发的债权债务纠纷并不具有涉外因素，当然适用中国大陆有关法律。但另一方面，为B公司履行合同提供连带责任保证的甲和乙是台湾居民，他们与A公司之间因担保而形成的债权债务关系具有涉外因素，需要适用《法律适用法》以确定准据法。根据《法律适用法》第41条规定："当事人可以协议选择合同适用的法律。当事人没有选择的，适用履行义务最能体现该合同特征的一方当事人经常居所地法律或者其他与该合同有最密切联系的法律。"从案件可看出，当事人之间并未就法律适用问题进行约定，而合同的履行地等均在中国大陆，故相较其他国家、地区的法律，中国大陆法律与本案合同具有最密切的联系，因此，中国大陆法律应当作为本案的准据法。

其次，关于担保责任，因为甲、乙作为B公司连带保证人在合同上确认签字，因而应当与债务人B公司一起对债务承担连带责任。《担保法》第18条规定："当事人在保证合同中约定保证人与债务人对债务承担连带责任的，为连带责任保证。连带责任保证的债务人在主合同规定的债务履行期限届满没有履行债务的，债权人可以要求债务人履行债务，也可以要求保证人在其保证范围内承担保证责任。"因此，原告A公司将B公司、甲、乙作为共同被告提起诉讼具有合法根据。

再次，本案中被告B公司、甲、乙未到庭应诉，根据我国《民事诉讼法》

(2012 修正)第 144 条:“被告经传票传唤,无正当理由拒不到庭的,或者未经法庭许可中途退庭的,可以缺席判决。”因此,本案中三被告应被视为放弃了自身的诉讼权利,依法应认定为其对 A 公司的证据及主张认可。

归纳起来看,相较于《担保法》第 16 条规定的“一般保证”形式,连带责任保证因不享有一般保证保证人的先诉抗辩权,因而风险更大。同时,需要注意的是,《担保法》第 19 条规定:“当事人对保证方式没有约定或者约定不明确的,按照连带责任保证承担保证责任。”所以,在签订保证合同时,担保当事人应当避免含混不清,慎重选择并明确保证方式。

4. 案例四

(1) 案情简介

2012 年 2 月 17 日,借款人 A 公司与贷款人 B 银行签订借款合同,借款金额为人民币 300 万元,借款期限自 2012 年 2 月 17 日至 2015 年 2 月 17 日。A 公司为该笔借款以其所有的机器设备作了最高额抵押,以抵押财产为主合同项下借款期间债务人所欠抵押权人的全部债务提供抵押担保,并办理了动产抵押登记。同日,甲、乙(台湾居民)、丙、丁分别与 B 银行签订两份个人最高额保证合同,担保在上述借款期限内 A 公司在最高信用余额内与 B 银行签订的所有主合同项下债务。保证方式为连带责任担保,且四名保证人均承诺,保证合同所担保的主债务如有物的担保,放弃要求贷款人先处理物的担保的抗辩。

2013 年 2 月 21 日,A 公司与 B 银行签订 2 号借款合同,借款人、贷款人以及借款金额均不变,双方约定借款期限自 2013 年 2 月 21 日至 2014 年 2 月 20 日。双方约定,如果借款人违约,贷款人有权停止借款人继续提款,取消未提贷款额度,宣布合同项下贷款本息提前到期,立即收回贷款等。同日,A 公司与 B 银行签订该合同下最高额抵押合同,抵押人为 A 公司,抵押权人为 B 银行。双方仍以前述的机器设备为 B 银行与 A 公司订立的借款主合同项下自 2013 年 2 月 21 日至 2014 年 2 月 20 日期间 A 公司所欠抵押权人的全部债务提供抵押担保。

2013 年 2 月 21 日,戊与 B 银行签订个人最高额保证合同,保证人为戊,债权人为 B 银行,合同约定的保证期间为 2013 年 2 月 21 日至 2015 年 2 月 17 日,其他约定与前述两份保证合同一致。

B 银行后依约放款。从 2013 年 8 月开始,A 公司停止向 B 银行支付 2 号借款合同项下的利息,B 银行催告无果,诉至法院,要求偿还本息,五位保证人承担连带保证责任等。

一审法院判决A公司向B银行偿还借款本金及利息，五位保证人在各自的保证范围内对还款承担连带保证责任。对此，被告以涉案保证合同是普通保证合同非最高额保证合同，且系格式合同，对最高额保证等专业术语，B银行未作出说明及提示，应认定该条款不具有法律效力等理由提出上诉。

(2) 案例评析

本案中，由于乙系台湾居民，所以本案为涉台商事案件，参照涉外民事案件办理。根据涉外合同的冲突规范，涉外合同的当事人可以选择处理合同争议时所适用的法律。由于本案当事人在涉案合同中明确约定解决争议适用中国大陆法律，因此本案的准据法应为中国大陆有关法律。

首先，本案中出现了较为特殊的保证合同——最高额抵押合同与最高额保证合同。法律、法规中未对最高额保证进行明确的定义，但《物权法》第203条对最高额抵押权规定如下："为担保债务的履行，债务人或者第三人对一定期间内将要连续发生的债权提供担保财产的，债务人不履行到期债务或者发生当事人约定的实现抵押权的情形，抵押权人有权在最高债权额限度内就该担保财产优先受偿。"类比保证而言，最高额保证区别于"一时保证"：一时保证是指保证人和债权人就单个借款合同逐一分别订立保证合同；最高额保证则是指债权人与保证人在最高债权限度内为一定期间内连续发生的借款合同或者某项商品交易合同订立保证合同。本案中，甲、乙、丙、丁作为保证人与B银行签订的保证合同中约定：保证人对2012年2月17日至2015年2月17日期间A公司对B银行签订的主合同项下的借款承担连带保证责任；戊的保证约定中，除保证期间与前述保证合同有所不同外，其余约定都是一致的。由此，五保证人与B银行之间的保证合同均属于最高额担保，应当根据其约定对A公司的相关债务承担连带保证责任。

其次，涉案借款既有债务人A公司以自有设备设定的抵押担保，又有甲、乙、丙、丁、戊作为保证人的保证担保，因而涉及承担保证责任的顺序问题。性质上，A公司自身的抵押担保属于物的担保，五保证人的保证属于人的担保。根据《物权法》第176条规定："被担保的债权既有物的担保又有人的担保的，债务人不履行到期债务或者发生当事人约定的实现担保物权的情形，债权人应当按照约定实现债权；没有约定或者约定不明确，债务人自己提供物的担保的，债权人应当先就物的担保实现债权；第三人提供物的担保的，债权人可以就物的担保实现债权，也可以要求保证人承担保证责任。提供担保的第三人承担担保责任后,有权向债务人追偿。”由此,本案中,如果没有另行约定,B银行应当先就A公司的设备抵押实现其债权,然后才可要求保证人承担保证责任。但是,由于五保证人在保证合同中均约定放弃要求贷款人先处理物的担保的抗辩。因而,根据这一约定,本案中的担保责任无先后顺序之分,B银行既可以就物的担保实现债权,也可以要求各保证人承担保证责任;而且,根据保证合同的约定,各保证人之间也没有先后顺序,对A公司的涉案债务均应承担连带保证责任。

再次,前述案情介绍中提到“A公司在与B银行签订最高额抵押合同后,为抵押物办理了动产抵押登记”。有关“动产抵押登记”,《物权法》第188条规定,以生产设备、原材料、半成品、产品、交通运输工具以及正在建造的船舶、航空器抵押的,抵押权自抵押合同生效时设立,未经登记,不得对抗善意第三人。由此,在动产抵押上,我国采用“登记对抗主义”,即动产抵押权设立于抵押合同生效之时,而不以登记为要件;登记仅有对抗善意第三人的效力。

最后,关于本案上诉人提出的最高额保证合同系格式合同,银行未尽解释责任的上诉理由。格式条款是当事人为了重复使用而预先拟定,并在订立合同时未与对方协商的条款。《合同法》第39条规定:“采用格式条款订立合同的,提供格式条款的一方应当遵循公平原则确定当事人之间的权利和义务,并采取合理的方式提请对方注意免除或者限制其责任的条款,按照对方的要求,对该条款予以说明。”第40条规定,格式条款具有合同无效相关情形与合同免责条款无效相关情形,或者提供格式条款一方免除其责任、加重对方责任、排除对方主要权利的,该条款无效。第41条规定:“对格式条款的理解发生争议的,应当按照通常理解予以解释。对格式条款有两种以上解释的,应当作出不利于提供格式条款一方的解释。格式条款与非格式条款不一致的,应当采用非格式条款。”本案中,虽然最高额保证合同是格式合同,但是关于最高额保证等并不是免除或限制B银行责任的条款,B银行对此不负有特别说明的义务;而且,本案中,上诉人也没有举证证明其向B银行提出对有关条款进行说明的要求。

综上,本案台商在为他人债务提供担保时,应当注意:第一,最高额保证是保证人在最高债权限度内为一定期间内连续发生的借款合同或者某项商品交易合同提供保证,是一种数额不确定的保证,若此时保证方式为连带责任保证,则保证人承担的责任较大;第二,《物权法》第176条关于债权人实现债权顺序“债务人自身物保优先于第三人之物保与人保”的规定,可以减轻第三人作为担保人的风险，但该规定为任意性条款，当事人另有约定的从其约定；第三，根据动产抵押的“登记对抗主义”，在设立抵押权后，对于抵押权人而言，及时登记可以有效对抗善意第三人；第四，应当注意担保合同下格式条款的内容，此类合同通常由银行等金融机构制作，担保人如果存在疑虑或不理解之处，可以要求提供格式条款的一方作出特别说明。

5. 案例五

(1) 案情简介

2012 年 2 月 17 日，A 银行与某木业公司签订融资额度协议，约定 A 银行向木业公司提供人民币 1 000 万元的融资额度，额度期限自 2012 年 2 月 17 日至 2013 年 2 月 17 日。同日，A 银行与甲、乙签订了最高额保证合同，与丙(台湾居民)签订了《房地产最高额抵押合同》。两份合同分别约定甲、乙为木业公司的融资提供连带责任保证；丙用两套房屋为木业公司融资提供最高额抵押担保。同时，丙的配偶丁(台湾居民)，出示承诺函，表明同意该抵押合同的签署及履行，并愿意接受该合同约定的拘束。上述合同均约定适用中华人民共和国法律。

2012 年 2 月 27 日，A 银行与丙又签订《南京市房地产抵押合同》，约定的抵押物、担保的主债权及担保范围均与《房地产最高额抵押合同》一致，并明确该合同与前述房地产最高额抵押合同具有同等法律效力。2012 年 3 月 1 日，双方办理了抵押登记。同日，A 银行与木业公司签订流动资金借款合同，双方确认该合同系作为前述融资额度协议的附属融资文件签署，并约定：借款金额为人民币 750 万元，借款期限自 2012 年 3 月 1 日至 2013 年 2 月 17 日。之后，A 银行依约发放了贷款 750 万元，但借款合同到期后，木业公司未按约偿还本金，甲、乙、丙、丁也未履行担保责任。A 银行遂诉至法院要求木业公司偿还本金及利息，四担保人承担连带清偿责任。

一审法院认定，木业公司与甲乙丙丁未按约履行，构成违约，故支持 A 银行诉请。丙不服，提起上诉，称涉案担保合同并非其真实意思表示，担保合同应认定为无效。二审法院经审理，判决驳回上诉，维持原判。

(2) 案例评析

首先，本案所涉及的借款法律关系发生在 A 银行与木业公司之间，并无涉外因素，自然应当适用中国大陆法律。但是担保人丙、丁系台湾居民，所以其与 A 银行签订的抵押合同应参照涉外合同纠纷处理，即涉及准据法的确认问题。根据《法律适用法》第 41 条的规定，当事人可以协议选择合同适用的法律。在本案的抵押合同中，当事人明确约定适用中国大陆法律，所以中国大陆法律为本案的准据法。

其次，与前述案例四一样，本案也涉及甲、乙的最高额保证合同与丙、丁的房地产最高额抵押合同，但二者的差别在于：第一，案例四中的抵押，是债务人以自己所有的设备设立的，属于动产抵押；而本案丙、丁以房屋所作的抵押，属于《物权法》第 187 条规定的不动产抵押。依其规定："以建筑物和其他土地附着物、建设用地使用权、以招标、拍卖、公开协商等方式取得的荒地等土地承包经营权或正在建造的建筑物抵押的，应当办理抵押登记。抵押权自登记时设立。"由此，与动产抵押的"登记对抗主义"不同，不动产抵押采"登记生效主义"，即抵押权设立于登记之时而非抵押合同生效之时。所以，本案中，丙、丁以其共有的房屋向 A 银行提供抵押担保，虽然相关抵押合同在 2012 年 2 月已签订，但抵押权自当事方 2012 年 3 月 1 日办理抵押登记时才得以设立。第二，丙、丁以及 A 银行在抵押合同中还约定了："抵押物拍卖、变卖所得款项不足以清偿主合同项下全部债权或抵押物折价不足以抵偿主合同项下的全部债权的，抵押人对未获清偿的债权无条件承担连带责任。"由此，丙、丁不仅以房屋为木业公司债务清偿提供了物的担保，还对抵押不足清偿部分承担了人的保证——连带保证责任。

再次，丙上诉声称，涉案担保合同并非本人真实意思表示，是其先行签署空白的抵押合同后由 A 银行客户经理填写的。对此，法院经审理查明：各项合同均有丙、丁的签字；丁还出具了一份委托公证书，就其与丙共有的涉案房屋抵押给银行做担保一事，委托丙作为其代理人与银行签订抵押合同、办理抵押登记等。由于丙所辩称的事实没有相应的证据支持，故法院认定，担保合同是丙、丁的真实意思表示，为有效担保。

总结本案可知，首先，在既签订最高额保证合同，又设立房地产最高额抵押的情况下，与债权人获得实现清偿的双重保证相对应，担保人承担了物的担保和人的保证之叠加担保责任；其次，丙、丁系台湾居民，为了交易便利可能会事先签订部分空白合同留在大陆使用，但这种行为非常不利于自身权益的保护，事后往往无法举证证明签字文件及内容是否确属其真实意思表示，因而应当格外谨慎并尽可以予以避免。

6. 案例六

(1) 案情简介

2012 年 4 月 5 日，A 公司、B 公司与 C 银行签订流动资金借款合同，约定

C银行向A公司发放500万元的短期流动资金贷款用于支付货款，B公司为该贷款提供连带责任保证。同日，A公司与B公司另行签订担保服务协议一份，约定：1. 若A公司未按期归还银行贷款本息而由B公司代为偿还，A公司应支付B公司代为偿还的款项，并按逾期金额每日千分之五支付违约金；2. A公司向B公司缴纳履约保证金75万元，A公司按借款协议及本协议全面履行后，B公司全额退还保证金，若A公司违反借款合同及本协议，履约保证金不予退还；3. A公司以自己拥有的专利权向B公司提供质押。之后，双方办理了质押权登记。

同日，甲（台湾居民）、乙、丙、丁等9人分别与B公司签订反担保协议书，约定就B公司在担保协议中的担保责任向B公司提供反担保，就A公司在担保协议中的履约责任向B公司提供担保，该反担保及担保的方式为不可撤销的连带保证责任，范围为债务本金、利息、违约金以及B公司为实现有关权利而支付的诉讼费、律师费等。

2012年4月17日，乙、丙、丁分别作为抵押人与作为抵押权人的B公司签订房地产抵押合同各一份，约定抵押担保的主债合同均为此前A公司、B公司与C银行签订的流动资金借款合同，债务人均为A公司，抵押担保的借款本金金额分别为150万元、140万元及105万元，A公司债务履行期限均为2012年4月20日至2013年4月20日。后三人分别取得了三份他项权证，载明的房屋所有权人分别为乙、丙、丁，房屋他项权利人均为B公司，他项权利种类均为抵押权。

2012年4月18日，A公司向B公司支付保证金75万元。

本案贷款到期后，A公司未能向C银行还本付息。2013年8月28日，B公司代A公司偿还了C银行500万元贷款及利息，承担了保证责任。同日，C银行向B公司出具履行保证责任证明书一份，证明B公司于该日履行保证责任共计为A公司代偿本息及罚息。后A公司一直未能履行对于B公司的还款义务，且其他各被告亦未履行各自的担保义务。

B公司提起诉讼，请求判令：1. A公司支付B公司代还的银行贷款本息、逾期付款的违约金、律师费；2. 甲等人为上述款项承担连带保证责任；3. B公司对乙丙丁三人的房产行使抵押权，所得款项优先受偿；4. B公司对A公司出质的专利技术行使质押权，所得款项优先受偿；5. 各被告承担本案的诉讼费用。

(2) 案例评析

本案所涉主合同为A公司与C银行之间的借款合同关系。就借款合同而言,虽然债务人A公司逾期未向C银行还款,但因B公司履行了保证责任,为A公司代为清偿500万元贷款及利息,因而主合同项下C银行的债权已经实现,不属于本案争议事项。本案争议的,是B公司在履行其主合同项下担保责任之后,基于反担保而向A公司及相关担保人行使其追偿权利。

第一,在事实层面,反担保也是担保①,是指债务人或第三人向为主债务人履行主债务提供担保的担保人提供的,保障担保人的追偿权实现的担保,因此又被称为求偿担保。在法律层面,《担保法》第4条规定:"第三人为债务人向债权人提供担保时,可以要求债务人提供反担保。反担保适用本法担保的规定。"《担保法司法解释》第2条规定:"反担保人可以是债务人,也可以是债务人以外的其他人。反担保的方式可以是债务人提供的抵押或质押,也可以是其他人提供的保证、抵押或者质押。"此外,从案例中可以看出,反担保的形式并不需要同本担保相一致,可以由当事人另行加以约定。

第二,本案涉及两份反担保合同,一份是A公司与B公司之间签订的担保服务协议,内容包括违约金、履行保证金和A公司专利质押的规定;另一份是甲等九人分别与B公司签订的反担保协议书,约定了保证人不可撤销的连带保证责任。

第三,在上述两份反担保合同中,A公司的专利权质押与乙、丙、丁的房地产抵押为物权担保。就前者而言,A公司以专利权出质,质权人为B公司,根据《物权法》第227条"以注册商标专用权、专利权、著作权等知识产权中的财产权出质的,当事人应当订立书面合同。质权自有关主管部门办理出质登记时设立"的规定,该质押权于登记时设立;就后者而言,乙、丙、丁以房屋作为抵押,抵押权人为B公司,按照前述《物权法》第187条的规定,该抵押权自登记时设立。由此,专利权质押与房屋等不动产抵押一样,都采用"登记生效主义",即本案反担保中专利权质权和房屋抵押权两项物权担保均已于各当事人登记时有效设立了,B公司有权行使专利质押权和房屋抵押权来实现自己的债权。

第四,根据甲等九人与B公司之间的反担保协议,B公司债权还由甲等九人提供的人的保证。根据前述《物权法》第176条,被担保的债权既有物的

① 参见刘保玉:《反担保初探》,《法律科学》,1997年第1期。

担保又有人的担保的，债务人不履行到期债务或者发生当事人约定的实现担保物权的情形，债权人应当按照约定实现债权；没有约定或者约定不明确，债务人自己提供物的担保的，债权人应当先就物的担保实现债权；第三人提供物的担保的，债权人可以就物的担保实现债权，也可以要求保证人承担保证责任。提供担保的第三人承担担保责任后，有权向债务人追偿。所以B公司实现债权的顺序为：先行使对A公司的专利质押权；质押权未能完全受偿的余额部分，再选择行使对乙、丙、丁房屋抵押权受偿或要求甲等九人承担连带保证责任。当然，乙、丙、丁和甲等人承担担保责任后，有权向A公司追偿。

需要补充说明的是：对于A、B公司之间的担保服务协议中的75万元履约保证金的性质问题，理论和实践有不同理解，有观点认为属于定金，也有主张属于金钱质押，还有认为是预约的违约金性质。如果是定金或质押，则属于担保方式；而如果是违约金性质，则不属于法定的担保形式。司法实践中一般不过多涉及其法律性质讨论，直接依照当事人的约定加以处理。

总结本案反担保所涉问题，其一，反担保虽然能降低担保人的风险，但是所涉法律关系较为复杂，在签订反担保合同时，各方当事人必须要明确所担保的债权债务范围；其二，并非所有担保方式都适用于反担保，定金和留置因其性质不能用于反担保，当反担保人是债务人时，保证也不能适用；其三，权利质押和不动产抵押时均以登记为生效要件，如果未进行登记，则质权或抵押权不成立，当事人作为质权人或抵押权人一定要在签订质押合同或抵押合同之后，及时办理登记手续。

7. 案例七

(1) 案情简介

2013年7月11日，台资企业A公司与B银行签订融资额度合同一份，约定B银行向A公司提供最高限额2.55亿元的融资额度。该合同具体约定：1. 金额：最高限额人民币2.55亿元；2. 具体额度：供A公司日常营运使用的流动资金贷款额度，三年期循环动用；3. 担保：(1) 甲提供门面房地产抵押担保；(2) 乙在租金应收账款债权上设立的以银行为受益人的债权质押；(3) 甲、乙提供的个人保证。同日，甲、乙作为保证人，分别向B银行出具连带责任保证书，载明："愿意为贵行与A公司签订的融资额度合同及一般条款所形成的全部债权提供无条件的、不可撤销的连带保证责任担保。有多个保证人的，各保证人共同对借款人的债务承担连带责任保证。"

2013年7月15日，B银行作为抵押权人与甲签订房地产抵押合同，作为质押权人与乙签订应收账款债权质押合同，并分别办理了不动产抵押登记和债权质押登记。

A公司共向B银行申请了五笔贷款，后因A公司未能还本付息，B银行诉至法院，请求判令：1. A公司归还其借款本息；2. A公司支付B银行为本案支出的律师费；3. 甲、乙承担连带保证责任；4. 甲、乙以其抵押物、质押债权为上述债务承担担保责任；5. 本案诉讼费、保全费由A公司、甲、乙承担。

(2) 案例评析

本案A公司、甲、乙均未到庭参加诉讼，根据我国《民事诉讼法》(2012修正)第144条之规定："被告经传票传唤，无正当理由拒不到庭的，或者未经法庭许可中途退庭的，可以缺席判决。"

本案中，首先，甲、乙作为担保人，其所提供的担保属于债务人之外的第三人担保，所涉担保形式既有物的担保，又有人的担保。其中，物的担保分别是甲提供的房产抵押和乙提供的应收账款债权质押；人的担保就是甲、乙提供的连带责任保证。由于各方当事人没有对实现债权有其他约定，债务人A公司自己也没有提供物的担保，因此根据前述多次提及的《物权法》第176条的规定，B银行可直接就甲的房地产抵押、乙的应收账款质押实现债权，并可以要求甲、乙承担连带保证责任。

其次，由于债务人A公司和担保人甲、乙作为被告均未到庭参加诉讼，其其他财产亦无处可寻，所以从债权人的角度考虑，通过房地产抵押或应收账款质押以实现债权是较为现实的。《担保法》第33条规定："债务人不履行债务时，债权人有权依照本法规定以抵押财产折价或者以拍卖、变卖该财产的价款优先受偿。"关于房产抵押前面的案例已有较多提及，此不再述。关于应收账款质押，一方面，《物权法》第223条[①]明确规定了应收账款出质的合法性；第228条同时规定："以应收账款出质的，当事人应当订立书面合同。质权自信贷征信机构办理出质登记时设立。"另一方面，作为权利质权，其实现适用《物权法》第208条的规定：债务人不履行到期债务或者发生当事人约定的实现质权的情形，债权人有权就该动产优先受偿。因此，B银行有权就涉案的抵押财产与质押权利优先受偿。

---

① 《物权法》第223条："债务人或者第三人有权处分的下列权利可以出质：(一) 汇票、支票、本票；(二) 债券、存款单；(三) 仓单、提单；(四) 可以转让的基金份额、股权；(五) 可以转让的注册商标专用权、专利权、著作权等知识产权中的财产权；(六) 应收账款；(七) 法律、行政法规规定可以出质的其他财产权利。"

再次，本案甲、乙向B银行出具的连带责任保证书中有“银行与借款人就债务履行期限达成展期协议的，保证期间之展期重新约定的债务履行期限届满之日止”的约定。这里涉及保证期间的问题：

其一，保证期间是指保证人承担保证责任的期限。一般保证的债权人在保证期间内未对债务人提起诉讼或者申请仲裁的，保证人免除保证责任；连带责任保证的债权人在保证期间内未要求保证人承担保证责任的，保证人免除保证责任。

其二，对于保证期间，保证人与债权人有约定的，依约定；未约定或约定不明确的，依现行法律，保证期间为主债务履行期届满之日起6个月。需要注意的是，根据《担保法司法解释》第32条：“保证合同约定的保证期间早于或者等于主债务履行期限的，视为没有约定，保证期间为主债务履行期届满之日起六个月。保证合同约定保证人承担保证责任直至主债务本息还清时为止等类似内容的，视为约定不明，保证期间为主债务履行期届满之日起二年。”由此，本案上述等于主债务的约定视为约定不明。此外，保证人在最高额保证合同中就连续发生的债权作保证，未约定保证期间的，保证人可以随时书面通知债权人终止保证合同，但保证人对于通知到债权人前所发生的债权，承担保证责任。

其三，除一般保证中债权人对债务人提起诉讼时效或者申请仲裁致保证期间中断外，保证期间不因任何事由发生中断、终止、延长的法律后果。与此同时，一般保证中，主债务诉讼时效中断，保证债务诉讼时效中断；连带责任保证中，主债务诉讼时效中断，保证债务诉讼时效不中断。一般保证和连带责任保证中，主债务诉讼时效中止的，保证债务的诉讼时效同时中止。

其四，当事人约定的担保期间对担保物权的存续是无法律约束力的，《担保法司法解释》第12条中规定，当事人约定的或者登记部门要求登记的担保期间，对担保物权的存续不具有法律效力。担保物权所担保的债权的诉讼时效结束后，担保权人在诉讼时效结束后两年内行使担保物权。

(五) 防范对策

机会总是和风险并肩而行，能更好地回避风险的商事主体，当然就能在激烈的商业竞争中走得更远，拥有更广阔的发展前景。来到大陆投资经商的台湾同胞，对于大陆政策、市场、法律等都不甚了解，在商事活动中会遇到更大的风险；但是较之到大陆进行投资的其他外商而言，两岸文化相同、血脉相连，台商在某种意义上又具有更多的优势。在大陆投资的台商在进行担保活动、签订担保合同时，应当注意防范风险，审慎形式，具体来说应当做到以下几点：

1. 了解担保有关法律、法规，强化风险意识

台商至大陆进行投资时，若要成为担保法律关系的当事人，应当在此之前了解大陆的《担保法》、《物权法》、《担保法司法解释》等相关法律、法规。必要时可以提前咨询具有专业知识的律师，分析在签署担保合同后可能将要承担的责任与面临的风险，如何设置有关条款才能合理规避风险、避免损失。值得注意的是，风险意识必须贯穿于整个担保法律行为过程之中，即使在担保合同签订以后，也要监督债务人的履行情况，对其资产动态进行调查，防止债务人及保证人转移财产、逃避债务。

此外，台资担保案件中还可能涉及法律适用问题，为了避免此类纠纷，当事人在签订主合同及担保合同时，可以就适用法律、争议解决方式等进行约定。担保合同是主合同的从合同，应当保证适用法律上的一致性与争议解决方式的一致性，避免出现不必要的纠纷。

2. 注意担保的金额、范围、方式和保证期间

担保合同的条款内容直接影响到担保权人权利的维护，担保合同的条款应当尽量明确、具体：包括担保的具体范围、方式、保证期间等。以保证为例，我国《担保法》第 21 条规定："保证担保的范围包括主债权及利息、违约金、损害赔偿金和实现债权的费用。保证合同另有约定的，按照约定。当事人对保证担保的范围没有约定或者约定不明确的，保证人应当对全部债务承担责任。"保证期间上也有类似情况，未约定或约定不明确的，则依法律规定为主债务履行期届满之日起 6 个月。该保证期间较一般诉讼时效 2 年短很多。因此，在签订保证担保合同之前，担保人有必要根据自己的实际情况和真实意图，对担保范围作出明确约定，否则将承担不利的后果。

担保方式上，若出现同一债权既有物的担保又有人的担保时，如前述案例及《物权法》第 176 条的规定，从担保人的角度出发，最好明确约定保证份额或者先后顺位担保人，例如约定"担保权人应优先选择其他担保方式实现债权，仍不能全部受偿的，由本人承担担保责任"，这样可以有效减少保证人的风险。

3. 认真考察担保合同指向对象的真实性、合法性

作为担保财产需要具备两个条件：第一，担保人对该财产具有处分权；

第二，法律允许以该项财产作为担保。担保人以自己不具备处分权或法律禁止作为担保物的财产提供担保的，该担保无效。为了确保担保权能够实现，应当考察担保财产是否符合合法性与真实性的原则。主要考察担保物是否为法律禁止流通物，是否为无价值的或根本无法变卖的物品，担保人是否拥有担保物的所有权等。担保物应当不存在权利上的瑕疵，这主要是指该担保物是担保人实际控制并所有的，此前没有设置过担保或担保的价值并未超过担保财产自身的价值。另外，担保财产应具有变卖的能力，如果某项担保财产存在不能变现的可能性，则不应接受该担保财产，防止债权人的利益受到损失。

此外，根据物权担保的"登记生效主义"或"登记对抗主义"，担保合同签订后必须要及时履行法律规定的手续。

4. 注意审查债务人的资信状况以及还款能力

在为他人提供保证之前，必须仔细审查债务人的还款能力、信用状况，债务人的信誉越高，担保人的风险越小。现实中，担保人往往不谨慎审查并全面了解债务人的资信，碍于亲戚、好友、同事、同学等情面去提供担保，却最终给自己带来巨大的经济损失。

在需要提供担保的情况下，也可以运用反担保等方式实现对自身权益的保障。即在提供保证后，通过要求债务人或者第三人为自己因提供担保可能产生的损失提供物或人的担保，以利于降低自身担保的风险并保障担保责任承担之后追偿权的实现。

5. 强化对担保财产的管理，减少风险损失

按照担保合同类型，抵押担保合同签订后，不转移占有；而质押合同签订后，需将财产或权利转由债权人占有，因此，在不同担保方式下，相关担保权人可能涉及对于占有物保管问题。凡涉及于此，作为债权人，应注意对担保财产的监督管理。如疏于自身的管理或监督之责，可能遭到风险。

四、建设工程合同所涉法律风险及其防范

（一）建设工程合同及主要法律规定

建设工程合同是指建设工程项目的建设单位通过招投标或其他方式发包后，由建设单位和承包单位就工程项目在建设过程所订立的合同，是我国

《合同法》规定的有名合同之一。建设工程合同有广义和狭义两种，广义包括建筑物的勘察、设计、建造、装修、改造和修缮等各种合同；而狭义仅指建设工程的勘察、设计和施工合同。《合同法》第十六章"建设工程合同"为狭义概念，只包括工程勘察、设计、施工合同，其共性权利义务是承包人进行工程建设，发包人支付相应价款。

我国规范建设工程合同的主要法律、法规及司法解释有：《合同法》、《建筑法》(2011 修正)及其《实施细则》、《招标投标法》(2017 修正)及其《实施条例》(2018 修正)、《建设工程质量管理条例》(2017 修正)、《工程建设项目施工招标投标办法》(2013 修正)、《必须招标的工程项目规定》以及《最高人民法院关于审理建设工程施工合同纠纷案件适用法律问题的解释》等，《最高人民法院关于建设工程价款优先受偿权问题的批复》等也是实践操作的指导依据。

(二) 法律风险与主要问题

建设工程合同法律风险主要是指建设工程法律主体在参与工程项目建设过程中因其民事行为违反法律规定而导致的不利后果或经济损失。建设工程合同法律风险伴随着整个工程项目建设的全过程。

1. 合同主体

建设工程合同是双务有偿合同，当事人之间的法律关系错综复杂，合同当事人权利义务相对应且双方互为债权人和债务人。但建设工程不仅关系到合同当事人的利益，工程质量还关系到社会公众安全。所以，我国法律、法规对建设工程合同主体资质有一些作出了特别的规定。

《建筑法》(2011 修正)有关建筑业主体的原则性规定是：第一，从事建筑活动的建筑施工企业、勘察单位、设计单位和工程监理单位，应当具备下列条件：(一) 符合国家规定的注册资本；(二) 与其从事的建筑活动相适应的具有法定执业资格的专业技术人员；(三) 有从事相关建筑活动所应有的技术装备；(四) 法律、行政法规规定的其他条件。第二，从事建筑活动的建筑施工企业、勘察单位、设计单位和工程监理单位，按照其拥有的注册资本、专业技术人员、技术装备和已完成的建筑工程业绩等资质条件，划分为不同的资质等级，经资质审查合格，取得相应等级的资质证书后，方可在其资质等级许可的范围内从事建筑活动。第三，从事建筑活动的专业技术人员，应当依法取得相应的执业资格证书，并在执业资格证书许可的范围内从事建筑活动。

目前，我国建筑业企业资质等级划分的主要根据，是住房和城乡建设部于2014年11月6日通过的《建筑业企业资质标准》(建市〔2014〕159号，于2015年1月1日起实施)。

在确定建筑业企业资质等级的基础上，《建设工程质量管理条例》(2017修正)进一步规定，建设单位应当将工程发包给具有相应资质等级的单位；实行监理的建设工程，①建设单位应当委托具有相应资质等级的工程监理单位进行监理，也可以委托具有工程监理相应资质等级并与被监理工程的施工承包单位没有隶属关系或者其他利害关系的该工程的设计单位进行监理。

虽有上述规定，实践中，企业没有资质或超越相应资质从事建设工程的情况仍时有出现，因而在建设工程合同中，当事人首先就需要树立主体风险意识。

2. 合同内容

与其他合同一样，建设工程合同内容存在遗漏，合同条款约定不明确是导致事后当事人扯皮、钻空子甚至履行不能等风险事件的重要原因；与此同时，由建设工程合同参与方多、履行周期长、投资规模大、技术要求高、环节复杂且相互衔接等特征所决定，对合同内容的全面、精细和准确方面比其他合同具有更高的要求。任一细节的疏忽都可能带来纠纷并致重大损失。实践中，合同双方采用建设工程示范合同文本的较多，一方面，示范合同文本能够反映并满足建设工程合同当事人各方的共性需求，且全面、具体，因而具有很好的指导意义；但另一方面，示范文本是一种格式合同，在体现每一个具体的建设工程项目的个性需求上针对性不足，因而需要视自身情况作出变化和调整，否则反而容易出现问题。

3. 合同形式

根据《合同法》第10条："当事人订立合同，有书面形式、口头形式和其他形式。法律、行政法规规定采用书面形式的，应当采用书面形式。当事人约定采用书面形式的，应当采用书面形式。"由此，我国现行法律对于合同形式，以"不要式"为原则，"要式"为例外。建设工程合同就属于法定的要式合同，《合同法》第270条明确规定："建设工程合同应当采用书面形式。"

除书面形式的要求外，一些重大或特殊项目，我国法律还有更严格的形

① 下列建设工程必须实行监理：(一) 国家重点建设工程；(二) 大中型公用事业工程；(三) 成片开发建设的住宅小区工程；(四) 利用外国政府或者国际组织贷款、援助资金的工程；(五) 国家规定必须实行监理的其他工程。

式要求。例如,根据《招标投标法》(2017 修正)第 3 条规定:“在中华人民共和国境内进行下列工程建设项目包括项目的勘察、设计、施工、监理以及与工程建设有关的重要设备、材料等的采购,必须进行招标:(一)大型基础设施、公用事业等关系社会公共利益、公众安全的项目;(二)全部或者部分使用国有资金投资或者国家融资的项目;(三)使用国际组织或者外国政府贷款、援助资金的项目。”

所以,如果建设工程项目双方当事人未采用法定形式或规避法律强制性要求订立合同,将面临合同不成立或被宣告无效的法律风险。

4. 合同履行

建设工程的合同履行是指相关合同当事人根据合同约定和法律规定全面、适当各自履行义务的过程。合同履行中的法律风险,一是当事人不履行、迟延履行或不适当履行合同义务产生的违约,二是合同变更、转让、终止等情形下因合同约定不明,或当事人违反合同约定或诚信原则所致纠纷。实践中常见的主要是工程质量、建设项目分包或转包、工程款支付、工程款结算标准等纠纷。

(三) 案例与评析

1. 案例一

(1) 案情简介

2007 年 11 月 5 日,江苏某纤维有限公司(发包人)与某建筑安装工程有限公司(承包人)签订建设工程施工合同一份,约定由承包人承建纤维公司的新建厂房。合同就违约责任约定为:发包人不按合同约定支付工程款(进度款),双方又未达成延期付款协议,导致施工无法进行,承包人可停止施工,由发包人承担违约责任;发包人从约定应付之日起向承包人支付应付款每日万分之四的逾期付款违约金。发包人收到竣工结算报告及结算材料后 28 日内无正当理由不支付工程竣工结算价款,从第 29 日起按同期银行贷款利率向承包人支付欠付工程款的利息;利息按每日万分之四计算。承包人不能按时竣工或按工程师同意顺延的工期竣工的,每迟延一日按总造价的千分之一处罚。工程竣工验收后,发包人未向承包人足额支付工程款。

2010 年 3 月 8 日,承包人向人民法院诉请发包人支付剩余工程款并承担逾期付款利息。诉讼中,双方对逾期付款利息如何计算产生争议。法院分别于 2010 年 12 月 9 日、2011 年 3 月 1 日委托当地工程造价事务所有限公司就涉案工程追加、追减部分工程造价进行鉴定。2011 年 9 月 16 日，该工程造价事务所就本案所涉工程的增加部分出具工程造价咨询报告书，并对报告中不确定部分中每一项的原因均予以说明。最终审理法院根据《最高人民法院关于审理建设工程施工合同纠纷案件适用法律问题的解释》的相关规定作出判决。

(2) 案例评析

本案所涉的发包人与承包人签订的《建设工程施工合同》系双方真实意思表示，且不违反法律、法规的禁止性规定，合法有效，因此违约责任条款中利息计付的内容具有法律效力。

对于双方争议最大的逾期付款之利息计算问题，《最高人民法院关于审理建设工程施工合同纠纷案件适用法律问题的解释》第 17 条和第 18 条是主要依据。其中，第 17 条规定："当事人对欠付工程价款利息计付标准有约定的，按照约定处理；没有约定的，按照中国人民银行发布的同期同类贷款利率计息。"第 18 条规定："利息从应付工程价款之日计付。当事人对付款时间没有约定或者约定不明的，下列时间视为应付款时间：(一) 建设工程已实际交付的，为交付之日；(二) 建设工程没有交付的，为提交竣工结算文件之日；(三) 建设工程未交付，工程价款也未结算的，为当事人起诉之日。"而涉案工程造价由合同价与追加、追减的造价两部分组成。对于其中合同价部分的逾期利息的计算，当事人已有明确约定，即利息从应付工程价款之日计付；而对造价追加、追减部分的逾期利息的计算，由于双方未作约定，竣工结算又因争议较大没有如期完成，诉讼中双方仍未达成一致意见，故为平衡双方利益，审理法院以鉴定报告作出时即 2011 年 9 月 16 日为应付款时间，利息亦从此时计付。

2. 案例二

(1) 案情简介

乙系台资企业，2012 年 9 月 10 日，与甲订立建设工程施工合同，合同总价为人民币 8 537 517 元。合同中违约责任及违约金计算方法约定为：1. 甲方未按合同规定支付乙工程款，由此造成工期的延误，每延误一天，甲方按合同总价的千分之三支付给乙方违约赔偿金(累计计算最多不得超过合同总额的 5%)，逾期 15 日以上的，乙有权解除合同，甲方按合同总价的 20% 支付违约金；2. 任一方未按照合同约定提供有关技术和施工资料，影响工程质量和进度的，应当如数支付另一方的损失；甲方逾期两个月不提供约定的物质技术条件的，乙有权解除合同，甲方应当支付违约金或者赔偿由此给乙方造成的损失。

合同签订后，乙依约进场施工，但甲未按合同向乙付款，乙方遂发停工报告给甲方，甲方未予以回复，遂发生纠纷。乙向人民法院提起诉讼，请求按照上述合同约定，判令甲支付拖欠工程款及违约赔偿金共计人民币4 530 013.6元。

(2) 案例评析

违约索赔之争在建设工程价款结算纠纷中较为常见。在建设工程施工合同的履行过程中，都可能出现因一方或双方原因的违约行为。无论是建筑企业的工期延误、工程质量问题，还是发包人未能提供施工进场条件、中期擅改设计、未按进度支付进度款、建设工程材料不能及时供应从而造成停工、窝工等情形，最终都可能引发违约赔偿纠纷。本案也属于这样的情形。甲、乙方合同约定很明确，但履行中，因甲方疏于管理，拖欠乙方工程款；乙方停工后仍未妥善协商处理，因而不仅给乙方施工带来困难并致损失，也使自身工程延误，并在承担高额违约赔偿责任之后产生重大经济损失。

(四) 防范对策

在建设工程合同勘察、设计和施工三类合同中，建设工程施工合同纠纷最多，纠纷牵扯的面广，问题也较为复杂，应当予以重点管理。

首先，建设工程施工合同是发包方与承包方进行工程承发包的重要法律文件，是进行工程施工、监理和验收的主要法律依据。如前所述，此类合同在主体、内容、形式和履行上，都具有较多有别于其他合同的个性环节与特征，是合同管理以防范法律风险的关键所在。包括但不限于：对于合同主体资质的严格审核，权利义务内容的明确约定，项目招投标、合同书面形式及备案等程序义务的落实，以及合同履行过程中各个环节的掌控，等等。

其次，在建设工程施工合同常见纠纷中，施工合同的效力及其法律后果、验收结算、工期和工程质量，以及工程价款优先受偿等方面的纠纷最为常见。例如，关于结算，除工程款结算标准问题外，通常还涉及合同无效是否应当据实结算；备案合同和当事人签订的其他合同或实际履行合同不一致时，结算时应依哪一份合同为准；施工合同示范文本通用条款中涉及的发包方逾期不结算是否可以解释为认可送审价；等等。对此，合同中的明确约定和对于法律、行政法规强制性规定的遵守都是合同管理的主要内容。

再次，上述常见纠纷都是与合同当事方自己的认知错误、疏忽或故意违法有直接关联。例如，在建设工程施工合同的效力纠纷中，最终被法院认定无效的合同，都属于《最高人民法院关于审理建设工程施工合同纠纷案件适用法律问题的解释》第1条所规定的情形，即：(1) 承包人未取得建筑施工企业资质或者超越资质等级的；或(2) 没有资质的实际施工人借用有资质的建筑施工企业名义的；或(3) 建设工程必须进行招标而未招标或者中标无效的。

最后，合同履行中的动态管理十分重要，最大限度地保证每一操作环节按约执行。就此而言，特别应当注意对合同实际履行状况的适时、动态、现场跟踪，记录、文件资料收集、整理和保管等，从而及时掌握各方当事人的义务履行情况。如果发现情况，应当及时与各方沟通、协商处理，并可针对工程项目的特殊性，签署补充合同、来往函件等，弥补在签订合同时的不足。

第六部分　知识产权保护中的法律风险及其防范

一、知识产权及其法律制度概述

(一) 台商投资与知识产权

知识产权是人们对于自己的智力活动创造成果和经营管理活动中的标记、信誉依法享有的权利。[①]世界贸易组织(以下简称“WTO”)《与贸易有关的知识产权协定》(以下简称“TRIPS 协议”)对知识产权的范围予以列举,认为知识产权包括:版权及相关权利、商标、地理标志、专利、工业设计、集成电路的外观设计、未经披露的信息(即商业秘密)。知识产权是具有私权属性的权利。TRIPS 协议的序言部分就明确表示“知识产权为私权”,从而使知识产权获得了同其他民事权利一样的法律地位。

我国建立知识产权保护制度时间尚短,还存在着知识产权产业化程度较低、企业对于知识产权保护重视程度不足等问题,导致各种知识产权侵权现象频发。对于处在传统企业转型升级过程中的台商投资企业来说,一方面存在保护企业知识产权以提高企业核心竞争力的现实需要,另一方面也存在着由于我国知识产权制度不健全、企业自身对于知识产权保护意识不足的客观不足,[②]因此,有必要充分了解知识产权保护法律体系及具体的规范内容,从而更好地指导自身的经济活动,在维护自身权利的同时也避免侵犯他人利益。

(二) 知识产权保护的法律制度

知识产权保护是对人类智力劳动产生的智力劳动成果所有权的保护,主

① 参见吴汉东:《知识产权法》(第五版),法律出版社,2014 年版,第 1 页。
② 熊斌勇:《将知识产权作为企业核心竞争力培育的思考》,《云南社会科学》,2014 年第 5 期。

要包括对商标权、专利权和著作权的保护。我国知识产权法律保护体系的构成，主要可以分为国内法律规范和国际法律规范两部分。

其中，国内法规范主要包括保护知识产权的基本法、一般法中有关知识产权的规定和行政法规。保护知识产权的基本法主要有《专利法》(2008 修正)、《商标法》(2013 修正)、《著作权法》(2010 修正)。除基本法之外，《民法总则》、《民法通则》、《合同法》、《反不正当竞争法》(2017 修订)、《反垄断法》和《刑法》(2017 修正)等法律中也有关于知识产权保护的规定。在基本法和一般法的规定外，《科学技术进步法》(2007 修订)、《产品质量法》(2009 修正)、《对外贸易法》(2016 修正)和《消费者权益保护法》(2013 修正)等法律中也有调整知识产权关系的相关规定。

国际法规范则主要是指我国缔结或参加的有关知识产权的国际条约，主要包括中国加入世界知识产权组织(以下简称"WIPO")后加入的部分国际条约，诸如《保护工业产权巴黎公约》(以下简称"《巴黎公约》")、《商标国际注册马德里协定》、《关于集成电路知识产权条约》(以下简称"华盛顿公约")、《保护文学和艺术作品伯尔尼公约》(以下简称"《伯尔尼公约》")、《保护录音制品制作者防止未经许可复制其录音制品公约》(以下简称"《录音制品公约》")、《世界知识产权组织版权条约》、《视听表演北京条约》等。

我国加入 WTO 之后，不仅要遵守 WTO 项下 TRIPS 协议的规定，同时也要遵守 TRIPS 协议指向的《巴黎公约》以及《伯尔尼公约》的实体性条款。这也就意味着，TRIPS 协议关于工业产权和版权的保护要求并不局限于该协议本身，还包括了《巴黎公约》以及《伯尔尼公约》的条款。

此外，我国签署上述多边国际条约的同时，也与一些国家签订了双边知识产权协定，如与美国签订的《中华人民共和国与美利坚合众国政府关于保护知识产权的谅解备忘录》，互相承诺对对方主体的知识产权予以保护。近年来，我国为加强在经济、贸易、科学、文化领域的对外合作，同欧盟、日本等均签署了知识产权备忘录。这些协定中的规定均构成我国知识产权保护法律体系的内容。

(三) 企业知识产权保护所涉主要法律风险与问题

知识产权对于企业来说既是重要的无形资产，更是企业参与市场竞争的核心竞争力。但是，由于企业知识产权的种类、数量规模较为庞大，且作为无形资产具有易受侵犯性，加上大多数企业知识产权保护意识较为薄弱，因此，企业在知识产权管理方面面临着较大的法律风险，主要存在以下两个方面：

1. 知识产权保护意识的淡薄

实践中，多数企业对于自己的知识产权权益缺乏保护意识，知识产权流失的法律风险日渐成为企业经营过程中的常见风险。企业决策者对于知识产权的价值和地位认识不足，并没有将保护企业知识产权提升到企业战略高度。多数技术型企业在获得新知识产权后并不急于寻求法律保护，而是忙于进行企业宣传、成果鉴定，缺乏在知识产权权益保护与实现方面的体系性策略。与此同时，部分企业自主创新的意识不够强，缺乏自主研发的动力，通过简单仿制他人产品获利，即可能构成对他人知识产权的侵害，从而受到民事追偿、行政处罚甚至需要承担刑事责任。

2. 知识产权管理能力的薄弱

知识产权作为一种无形资源应当进行科学合理的开发和利用，有效的运营方式可以更加充分地发挥知识产权的资源效益。但是，我国目前大多数企业没有建立科学的管理体系。从管理方式上看，缺乏有效的管理手段、缺乏权益实施的整体策略是多数企业在知识产权管理方面存在的问题。从组织设置上看，多数企业既没有设立专门负责企业知识产权的机构和人员，也没有制定相关的管理规章制度。有管理机构的，管理人员也多为兼职，专业水平较低且对保护知识产权主动性较弱。而管理制度的缺陷以及管理人员的弱化会导致企业知识产权的流失，企业技术秘密、自主知识产权往往会被有意无意地侵犯，最终导致自身知识产权的丧失，给企业造成难以挽回的经济损失。

二、专利权保护中的法律风险及其防范

（一）专利权及其特征

专利权，是国家根据发明创造人或设计人的申请，以向社会公开发明创造或设计的内容，以及发明创造或设计对社会具有符合法律规定的利益为前提，根据法定程序在一定期限内授予发明创造人或设计人的一种排他性权利。[①] 专利权具有独占性、地域性以及时效性三项显著特性。

独占性，也被称为排他性或专有性。《专利法》(2008 修正)第 11 条规定：

---

① 参见王迁：《知识产权法教程》，中国人民大学出版社，2016 年版，第 290 页。

"发明和实用新型专利权被授予后,除本法另有规定的以外,任何单位或者个人未经专利权人许可,都不得实施其专利,即不得为生产经营目的制造、使用、许诺销售、销售、进口其专利产品,或者使用其专利方法以及使用、许诺销售、销售、进口依照该专利方法直接获得的产品。外观设计专利权被授予后,任何单位或者个人未经专利权人许可,都不得实施其专利,即不得为生产经营目的制造、许诺销售、销售、进口其外观设计专利产品。"地域性是指,一般而言,一国依照本国专利法授予的专利权,仅在该国范围内有效。时效性是指专利权人在保护期限内能够享有独占权,超出保护期间的专利权不受法律保护。《专利法》(2008修正)第42条规定:"发明专利权的期限为二十年,实用新型专利权和外观设计专利权的期限为十年,均自申请日起计算。"

(二) 专利权的法律保护

按照法律责任类型的不同,专利权的法律保护体系可分为以下三类:

1. 专利权的民事保护是专利权人的首要保护措施,侵犯专利权人需要承担的基本法律责任即是民事法律责任。主要包括:

(1) 停止侵权,即停止正在实施的专利侵害行为。根据《专利法》(2008修正)第60条和第66条的规定,侵犯专利权引起纠纷的,当事人协商解决不成的,专利权人或者利害关系人可以:① 向人民法院起诉,专利权人或者利害关系人有证据证明他人正在实施或者即将实施侵犯专利权的行为,如不及时制止将会使其合法权益受到难以弥补的损害的,可以在起诉前向人民法院申请采取责令停止有关行为的措施;② 也可以请求管理专利工作的部门处理,处理时,认定侵权行为成立的,可以责令侵权人立即停止侵权行为,当事人不服的,可以自收到处理通知之日起十五日内依照《中华人民共和国行政诉讼法》向人民法院起诉;侵权人期满不起诉又不停止侵权行为的,管理专利工作的部门可以申请人民法院强制执行。

(2) 赔偿损失,即赔偿专利权人因侵权遭受的合法损失。按照《专利法》(2008修正)第65条的规定,赔偿数额按照权利人因被侵权所受到的实际损失确定;实际损失难以确定的,可以按照侵权人因侵权所获得的利益确定。权利人的损失或者侵权人获得的利益难以确定的,参照该专利许可使用费的倍数合理确定。赔偿数额还应当包括权利人为制止侵权行为所支付的合理开支。权利人的损失、侵权人获得的利益和专利许可使用费均难以确定的,人民法院可以根据专利权的类型、侵权行为的性质和情节等因素,确定给予一万元以上一百万元以下的赔偿。

(3) 消除影响,即通过新闻媒介发表声明,或将法院所做的专利侵权判决在媒体上公布,承认自己的侵权行为,以恢复专利权人的商誉。

值得注意的是,《专利法》(2008 修正)同时也规定了善意侵犯专利权无须承担赔偿责任,具体情形为:“为生产经营目的使用、许诺销售或者销售不知道是未经专利权人许可而制造并售出的专利侵权产品,能证明该产品合法来源的,不承担赔偿责任。”当然,此条并没有免除侵权责任人承担停止侵权以及消除影响的责任。

2. 专利权的行政保护同样是专利权人的重要保护措施。下列四种情况下即产生专利侵权所导致的行政责任:专利权人因不当行使专利权而承担行政责任;专利侵权人因假冒专利而承担行政责任;专利管理部门因不当管理而承担行政责任;专利利害关系人因侵夺发明人或者设计人权益而承担行政责任。《专利法》(2008 修正)第 72 条至第 73 条明确规定了,侵夺发明人或者设计人的非职务发明创造专利申请权和该法规定的其他权益的,由所在单位或者上级主管机关给予行政处分;管理专利工作的部门参与向社会推荐专利产品等经营活动的,由其上级机关或者监察机关责令改正,消除影响,有违法收入的予以没收;情节严重的,对直接负责的主管人员和其他直接责任人员依法给予行政处分。

3. 针对严重侵犯专利权的行为,还包括刑事保护措施,追究侵权人的刑事责任。《专利法》(2008 修正)第 74 条规定:“从事专利管理工作的国家机关工作人员以及其他有关国家机关工作人员玩忽职守、滥用职权、徇私舞弊,构成犯罪的,依法追究刑事责任。”《刑法》(2017 修正)第 216 条还专门规定了假冒专利罪:“假冒他人专利,情节严重的,处三年以下有期徒刑或者拘役,并处或者单处罚金。”

(三) 法律风险与主要问题

专利权并非随着发明创造的完成而自动取得,需要权利人按照法定程序向专利局书面申请,经过审查符合专利授予条件后方能获得专利权。《专利法》(2008 修正)规定,国务院专利行政部门负责管理全国的专利工作,统一受理和审查专利申请,依法授予专利权。在专利权的形成与行使过程中,主要存在申请专利过程中的专利申请法律风险以及获得专利权后的专利侵权法律风险。

1. 专利申请

(1) 专利申请策略不当

对于企业来说，在知识产权法律体系下，发明创造的保护主要有两种机制，一种是申请专利权，并在获得专利权后，取得对该发明创造的专有排他性权利；另一种是作为商业秘密进行保护，即通过采取保密措施保持该发明创造的秘密性和价值性，从而受到《反不正当竞争法》(2017 修订)的保护。① 一项发明创造的权利人是选择专利保护机制还是商业秘密保护机制，应结合相关法律的规定、该项发明创造和企业的实际情况予以取舍。如果某项发明创造并不符合专利法规定的专利申请条件，而企业选择了申请专利，则可能会由于不符合专利法规定的申请条件，而被专利局驳回专利申请。与此同时，由于根据《专利法》(2008 修正)的规定，除涉及国家安全与利益的保密专利申请外，申请专利需将有关材料公开并公布，这就意味着竞争对手可通过公开合法的渠道获得公司的技术开发情况，最终导致该技术非但无法获得专利，还由于技术资料已经公开而丧失秘密性，最终也无法获得作为商业秘密的保护。

(2) 专利说明书及权利要求撰写不当

广义的专利说明书包括未经过专利性审查的专利申请说明书和经过专利性审查的专利说明书。就前者而言，根据《专利法》(2008 修正)和《专利法实施细则》(2010 修订)的规定，说明书应当对发明或者实用新型作出清楚、完整的说明，以所属技术领域的技术人员能够实现为准；必要的时候，应当有附图。具言之，专利申请说明书应包括下列内容：① 技术领域：写明要求保护的技术方案所属的技术领域；② 背景技术：写明对发明或者实用新型的理解、检索、审查有用的背景技术；有可能的，并引证反映这些背景技术的文件；③ 发明内容：写明发明或者实用新型所要解决的技术问题以及解决其技术问题采用的技术方案，并对照现有技术写明发明或者实用新型的有益效果；④ 附图说明：说明书有附图的，对各幅附图作简略说明；⑤ 具体实施方式：详细写明申请人认为实现发明或者实用新型的优选方式；必要时，举例说明；有附图的，对照附图。

就后者而言，说明书是指经过专利性审查、授予专利权的专利说明书。专利说明书确定了专利保护范围。专利说明书的描述不同，法律确认的保护

① 详见本部分关于商业秘密保护中的法律风险及其防范的相关内容。

范围就不同。专利说明书中最重要的当属权利要求部分，直接确定了国家对某项发明创造划定的保护范围。

因此，在撰写这些法律文书时，既可能由于撰写不当而导致专利申请存在实质性瑕疵从而无法通过审查，更可能导致法律对该项发明创造的保护范围变窄，从而使得企业的发明创造无法获得更好的法律保护。

2. 专利侵权

权利人在获得专利权后，面临的最大法律风险就是专利侵权。这包含两方面的内容：一方面，企业作为专利权人可能会遭到他人侵权。《专利法》(2008 修正)第 60 条规定，未经专利权人许可，实施其专利，即侵犯其专利权。《专利法实施细则》(2010 修订)第 84 条规定了详细的假冒专利行为的类型，包括：(1) 在未被授予专利权的产品或者其包装上标注专利标识，专利权被宣告无效后或者终止后继续在产品或者其包装上标注专利标识，或者未经许可在产品或者产品包装上标注他人的专利号；(2) 销售第(1) 项所述产品；(3) 在产品说明书等材料中将未被授予专利权的技术或者设计称为专利技术或者专利设计，将专利申请称为专利，或者未经许可使用他人的专利号，使公众将所涉及的技术或者设计误认为是专利技术或者专利设计；(4) 伪造或者变造专利证书、专利文件或者专利申请文件；(5) 其他使公众混淆，将未被授予专利权的技术或者设计误认为是专利技术或者专利设计的行为。

另一方面，同样存在企业侵犯他人专利权利的可能性。特别是对于技术型、生产性企业来说，侵犯他人专利权利可能贯穿于企业自有技术或产品的研发与生产过程中。企业如在技术/产品研发前未经过相关的专利检索，不了解已有专利权及其保护范围，则极易导致侵犯他人的在先专利权。与此同时，在包括采购、加工、销售等的日常经营环节中，企业如不对相关产品、技术进行专利审查，导致采购了侵犯专利的设备或技术、加工或销售了侵犯专利的产品，也将构成专利侵权，引发专利侵权纠纷。

(四) 案例与评析

1. 案情简介

案例一和案例二是 A 公司(台企)和 B 公司就专利权进行的系列纠纷案。案例一为 A 公司起诉 B 公司侵犯自身专利权；案例二为 B 公司请求确认不侵犯A公司专利权。①

(1) 案例一

A公司于2011年6月1日经国家知识产权局授权公告获得第ZL20102055××××6号"纺纱线自动套袋机"实用新型专利权(以下简称"6号专利"),该专利现行有效。A公司分别于2014年6月3日、7月11日向B公司发送侵权警告函,并于2014年6月16日向一审法院提起侵害实用新型专利权之诉,主张B公司涉嫌侵害6号专利权。后因A公司取证困难,遂于2014年11月3日撤回起诉。

(2) 案例二

B公司在A公司撤回前案起诉后,一直未向A公司进行书面催告,但一直认为未侵害A公司6号专利权。其间,A公司一直向B公司发送律师函,警告其停止侵权。其后,A公司以B公司为被告再次向法院提起涉案专利的侵权诉讼,经过法院现场勘验和审理,认定B公司的产品没有落入涉案专利的保护范围。后A公司在实体审理已经终结的情况下申请撤诉,法院予以准许。

B公司认为A公司的撤诉行为表明其保留在不特定时间再次起诉B公司的诉权,且拒绝确认B公司没有侵犯其专利权这一事实,请求法院判定B公司生产的纺纱线自动套袋机产品不侵害6号专利权,同时判令A公司赔偿B公司为制止侵权支出的合理开支52 000元。

该案经历了两审终审。一审法院认为A公司虽撤回起诉,但并未明确撤销对B公司涉嫌专利侵权的警告,双方争议仍然存在。根据《最高人民法院关于审理侵犯专利权纠纷案件应用法律若干问题的解释》第18条的规定,双方发生侵权争议,被警告人须在权利人经书面催告后一定期限内怠于行使权利或未撤回警告时才可提起确认不侵权之诉。故B公司仍应在提起诉讼前履行书面催告程序,以明确相关侵权指控是否继续存在,并督促当事人积极行使诉权。因此,一审法院认为B公司未书面催告,不符合受理条件,并依此驳回B公司的起诉。

B公司不服,提起上诉。二审法院认为本案的争议焦点是B公司的起诉是否符合确认不侵权之诉的受理条件,并查明在2016年5月11日双方进行的谈话中,B公司询问A公司:"涉案产品是否构成侵权,A公司是否会再行

① 参见(2016)苏民终610号判决书。

起诉,在什么情况下起诉?”A 公司回应称:“就 A 公司认为,涉案产品专指的是在 187 号案件中取证的某公司使用的装置,我方认为该装置是侵权的,但鉴于取证困难所以撤回了 187 号诉讼。今天我们当庭表示愿意撤回警告,当我们重新获取侵权证据时,会再次发放警告,若大家未能达成一致,我方便会再次起诉。”二审法院经过审理,法院最终支持了 B 公司的起诉。

2. 案例评析

(1) 专利侵权之诉是我国司法实践中较为常见的一种。《专利法》(2008 修正)第 59.1 条规定对此进行了规定,依其规定,发明或者实用新型专利权的保护范围以其权利要求的内容为准,说明书及附图可以用于解释权利要求的内容。

案例一虽然最后以原告撤诉告终,但从中可以体现我国司法实践中判断是否构成专利侵权的一般步骤:第一,确定原告专利权的保护范围;第二,认定被诉侵权产品或方法的技术方案;第三,判断被诉侵权的技术方案是否落入专利权的保护范围;第四,被告的抗辩是否成立。其中,确定专利权保护范围为原被告争议的核心焦点。《专利法》(2008 修正)中,专利权的保护范围包括两部分,其一为权利要求记载所确定的技术内容;其二为与权利要求的文字所记载的技术特征相同的技术内容。若被诉侵权产品的技术特征均落入了专利保护范围,则法院应当认定被诉侵权产品侵犯了他人专利权。

(2) 知识产权确认不侵权之诉的作用在于给予被警告人在遭受侵权警告而权利人怠于行使诉权,使得被警告人长期处于不安状态情形下的一种司法救济途径,其根本目的是规制权利人滥发侵权警告的行为,维护稳定的市场经营秩序。《最高人民法院关于审理侵犯专利权纠纷案件应用法律若干问题的解释》第 18 条对被警告人提起确认不侵害专利权诉讼的条件作出了具体规定。该条设置书面催告起诉义务,旨在防止被警告人动辄提起确认不侵权之诉,并尽量引导被警告人通过侵权之诉解决争议。因此,司法解释规定只有在权利人发出警告之后既不撤回警告、又怠于行使诉权的情形下,也即权利人既无明确表示又未以行为表明愿意结束这种令被警告人不安的状态,使当事人之间的法律关系趋于稳定,被警告人才能提起确认不侵权之诉。而这正是司法解释设置书面催告起诉义务的立法目的,同时也为被警告人举证权利人怠于行使诉权提供了程序保障。

案例二中,虽然 A 公司在案件一中撤回起诉,在该案二审程序中表示愿意撤回对 B 公司及其销售客户的警告,但 A 公司在撤回前诉和撤回警告时,仍然作出了保留侵权指控的意思表示。同时在该案二审阶段回应B公司的询问时,A公司未明确其将于何时再次提起侵权诉讼,其并不具有及时结束B公司侵权状态不明的意愿。由此可见,这种有所保留的撤诉和撤回警告,不足以完全消除其发出侵权警告的消极影响。事实上,B公司仍明显处于A公司侵权警告威胁的不安之中。因此,机械地要求B公司再向A公司发送书面催告起诉函已无必要,也不符合司法解释设置催告起诉义务的立法目的,事实上只能徒增无意义的程序空转。

(五)防范对策

针对企业在专利权取得与行使过程中可能涉及的法律风险,应采取不同的风险防范措施。

1. 专利申请阶段

对于专利权人来说,在专利申请阶段,应当慎重考虑保护途径,在撰写专利说明书与权利要求书时要谨慎小心,字斟句酌。同时,在专利技术的研发阶段,要对相应技术领域内的专利布局有充分的了解。因此,企业无论是自主研发还是委托第三发开发,均应建立知识产权管理体系,在专利申请前的技术研发全过程中进行专利检索、查新,在专利技术研发完成后尽快评估、选择采用专利保护亦或商业秘密保护,并启动相应的申请与保护程序。

2. 专利权行使阶段

在取得专利权后,企业首先应当建立专利侵权防范机制,即在该专业领域内进行侵权产品或者侵权行为的跟踪,及时发现被侵权的事实,保留相关证据以便及时采取法律措施保护自己的权利,来排除公众未经许可对专利权实施行为,从而保障自身的利益不受侵害。在实施某项产品生产、投放市场前,应检索有关专利文献,了解自己的产品是否侵犯了他人的专利。

其次,应建立专利侵权规避机制,即建立相应的专利预警体系,一旦发生涉嫌侵犯他人专利权的事件时,应当及时评估是否构成侵权,即初步判断所使用的技术方案是否落入他人专利权的保护范围,如构成侵权可能性较大时,可及时停止实施相关涉嫌侵权的行为,并积极准备、收集相关材料做好应诉准备。如判断不构成侵权,也应当积极准备和收集有利于本方的相关材料积极应诉或主动提出确认不侵权的诉讼。《最高人民法院关于审理侵犯专利权纠纷案件应用法律若干问题的解释》第18条规定:“权利人向他人发出侵犯专利权的警告,被警告人或者利害关系人经书面催告权利人行使诉权,自权利人收到该书面催告之日起一个月内或者自书面催告发出之日起二个月内，权利人不撤回警告也不提起诉讼，被警告人或者利害关系人向人民法院提起请求确认其行为不侵犯专利权的诉讼的，人民法院应当受理。”

此处须特别说明的是，对于专利不侵权确认之诉的专利权人来说，一方面，应当及时提起诉讼以避免企业处于不知侵权与否的不明确状态，同时，尽管涉嫌侵权的专利权人在本诉中处于原告的地位，但实际上仍然处于一种防御地位，需要对抗另案中对其提出的侵权之诉。专利权人在诉讼过程中，可以采用不侵犯专利权和不视为侵犯专利权两种抗辩方式。不侵犯专利权抗辩是企业认为其行为没有落入专利权人权利要求的保护范围内，不构成对专利权的侵犯。主要包括公知技术抗辩、自己专利抗辩、禁止反悔原则抗辩。公知技术抗辩是指企业使用的是自由公知技术，不侵犯专利权。自己专利抗辩是指企业的产品或方法所涉及的技术是自己的专利，且自己专利的申请日早于侵权警告人的专利申请日，因此其行为不构成侵权。禁止反悔原则抗辩是指专利权人对其在申请专利过程中，或者维持专利权有效的程序中，为获得专利权而对专利权利要求的保护范围进行限制或部分放弃。同时专利权人侵权警告又是建立在已经放弃的权利要求基础之上的，则企业的行为不构成侵权。不视为侵犯专利权抗辩是指先承认自己的产品落入权利要求的保护范围内，但根据法律的例外规定“不视为侵犯专利权”。主要包括专利权用尽抗辩、先用权抗辩、临时过境抗辩、科学实验抗辩。实践中运用最多的是先用权抗辩，企业须举证证明自己在专利权人申请专利之前已经制造相同产品、使用相同方法或者已经做好制造、使用的必要准备，并且仅在原有范围内继续制造、使用。

对专利权的保护和防止专利权滥用是一个私权与社会公益相冲突的问题，如何平衡二者的关系一方面需要立法的完善，同时也需要企业自身加强对于知识产权的认知，加强对于自身专利权的管理，同时积极应对来自专利权人的挑战。

三、商标权保护中的法律风险及其防范

（一）商标与商标权

根据我国《商标法》（2013 修正）的规定，商标是指由对某种商品或者服

务具有监督能力的组织所控制，而由该组织以外的单位或者个人使用于其商品或者服务，用以证明该商品或者服务的原产地、原料、制造方法、质量或者其他特定品质的标志。商标权即我国《商标法》(2013 修正)中所规定的商标专用权，是指商标所有人对其商标的使用享有的支配权，具体包括：直接附着于商品、商品包装或者容器上的使用或者在商业广告、产品说明书等其他商业文件中的间接使用；注册商标所有人的自行使用或者是商标权人以外的第三人被许可使用、与商标所有人有业务关联的人的使用；商品或服务经销中的使用或者是产品销售前的使用如广告宣传。商标权的客体以注册商标为主，同时也包括未注册商标。①

(二) 商标权的法律保护

商标注册人或利害关系人可以就商标侵权向人民法院提起诉讼以维护自身权益，法院认定侵权行为成立的，侵权人应当承担民事责任，主要包括：停止侵害、赔偿损失。《商标法》(2013 修正)第 63 条规定："侵犯商标专用权的赔偿数额，按照权利人因被侵权所受到的实际损失确定；实际损失难以确定的，可以按照侵权人因侵权所获得的利益确定；权利人的损失或者侵权人获得的利益难以确定的，参照该商标许可使用费的倍数合理确定。"

商标注册人也可以请求工商行政管理部门依法查处侵犯商标专用权的行为。工商行政管理部门认定侵权行为成立的，依法追究侵权人的行政责任。《商标法》(2013 修正)第 60.2 条规定："工商行政管理部门处理时，认定侵权行为成立的，责令立即停止侵权行为，没收、销毁侵权商品和主要用于制造侵权商品、伪造注册商标标识的工具，违法经营额五万元以上的，可以处违法经营额五倍以下的罚款，没有违法经营额或者违法经营额不足五万元的，可以处二十五万元以下的罚款。"

对于严重的商标侵权行为，商标权利人还将受到刑事法律的保护。《商标法》(2013 修正)第 67 条规定："未经商标注册人许可，在同一种商品上使用与其注册商标相同的商标，构成犯罪的，除赔偿被侵权人的损失外，依法追究刑事责任；伪造、擅自制造他人注册商标标识或者销售伪造、擅自制造的注册商标标识，构成犯罪的，除赔偿被侵权人的损失外，依法追究刑事责任；销售明知是假冒注册商标的商品，构成犯罪的，除赔偿被侵权人的损失外，依法追

① 参见吴汉东主编：《知识产权法学》(第六版)，北京大学出版社，2013 年版，第 230 - 231 页。

究刑事责任。”同时,《刑法》(2017 修正)也对商标权刑事保护作出了进一步规定,分别在第 213 条、第 214 条和第 215 条规定了假冒注册商标罪、销售假冒注册商标罪以及非法制造、销售非法制造的注册商标标识罪。

值得注意的是,法律对驰名商标提供特别的保护措施。驰名商标,又称知名商标,指经过长期使用,在市场上享有较高声誉并为相关公众所熟知的商标。[①]《商标法》(2013 修正)对驰名商标提供的特别保护措施主要包括:对未在中国注册的驰名商标的保护;对注册驰名商标的跨类保护;适用反不正当竞争法,禁止将驰名商标用于广告宣传。

(三) 法律风险与主要问题

商标权的法律风险既包括商标注册过程中的法律风险,又包括商标侵权。

1. 商标注册

商标注册申请过程中,就注册商标的设计、地域、类别等诸多方面均可能存在相应的法律风险。就注册商标的设计而言,《商标法》(2013 修正)第 9 条规定了申请注册的商标,应当有显著特征,便于识别,并不得与他人在先取得的合法权利相冲突;第 10 条还规定了不得作为商标使用的标志类型,因此,选择不符合商标注册条件的商标类型既可能导致商标注册申请的失败,更可能导致对他人在先权利的侵权。

就注册商标的地域与类别选择而言,由于注册商标的法律保护具有鲜明的地域性与行业性特点,商标专用权仅在商标注册机构核准注册的地域与行业类别范围内有效。因此,若未能在商标注册申请时充分考虑目标市场所在地域与行业类别,仅在目标市场地域与行业类别范围内注册商标,忽视与注册商标相近但尚未达到混淆标准的商标,则极有可能在商标注册后出现商标闲置、商标淡化的法律风险。

2. 商标侵权

对商标权的侵权行为是最常见的商标权保护所面临的法律风险。商标侵权行为是指未经商标注册人的许可或违反《商标法》(2013 修正)的规定,侵犯他人注册商标专用权的行为。《商标法》(2013 修正)第 57 条以列举式明确规定了侵犯注册商标专用权的行为:

① 参见周方主编:《知识产权法学原理与案例》,西安交通大学出版社,2016 年版,第 143 页。

(1) 未经许可使用他人注册商标

具体可分为未经商标注册人的许可，在同一种商品上使用与其注册商标相同的商标、在同一种商品上使用与其注册商标近似的商标、在类似商品上使用与其注册商标相同的商标、在类似商品上使用与其注册商标近似的商标，并且容易导致混淆的。其中，第一种为假冒行为，其余三种均为仿冒行为。

(2) 销售侵犯商标权的商品

这类侵权行为的主体是商品经销商，不管行为人主观上是否有过错，只要销售了侵犯商标权的商品均构成侵权。但行为人主观上为善意时，可以免除赔偿责任。

(3) 伪造、擅自制造注册商标

指伪造他人注册商标的图样及其物体实体，或未经注册商标权人的同意制造注册商标标识的行为。

(4) 更换商标

指未经商标注册人同意，更换其注册商标并将该更换商标的商品又投入市场的行为。构成此种侵权行为必须具备两个要素，其一为行为人未经商标权人同意而擅自更换商标；其二为更换商标的商品又被重新投入市场进行销售。

(5) 帮助侵权行为

指故意为侵犯他人商标专用权行为提供便利条件，或帮助他人实施侵犯商标专用权的行为。

(四) 案例与评析

1. 案例一

(1) 案情简介[①]

甲、乙于 2012 年 10 月 7 日经国家工商行政管理总局商标局(以下简称“商标局”)核准，取得“××”注册商标，核定服务项目为第 43 类“饭店、自助餐馆、快餐馆等”。注册有效期限至 2022 年 10 月 6 日。自 2010 年起，甲、乙将“××”商标授权部分商家使用，开设“××锅物料理”专门店并扩展至多个城市，具有一定的知名度。

① ××火锅店与甲、乙侵害商标权及不正当竞争纠纷上诉案，参见(2016)苏民终 1270 号判决书。

2014 年 12 月 1 日，××火锅店成立，经营范围为“餐饮服务”。由于××火锅店在门头店招中醒目标注“湾××锅物料理”字样，其中一处“湾”字以较小字体位于左上侧，“××”两字标注并列标注于正中，“锅物料理”则以较小字体竖向标注于下方。而另一处则是“湾”字以略小字体标注于前方，“××”两字标注正中，“锅物料理”以较小字体排列于其后。同时，该两处店招上均以红色小方框分别标注“湾”以及“火锅”字样。店堂内，墙上挂置的相框、悬挂的灯饰以及菜单、餐盘上均以黑色字体标注“××锅物料理”以及以小红框标注“湾”、“火锅”字样，其中，“××”两字较为显著。

甲、乙认为××火锅店侵犯了其商标专用权。××火锅店登记使用“××”存在明显恶意，其在明知同行业存在在先使用并已登记注册的商标，非但没有避让还注册为自己的字号，并在与甲、乙相同的火锅服务中突出使用，有违诚实信用原则，其主观上明显具有“搭便车”及攀附商誉的故意，而且也会使相关公众对于“××”火锅的服务来源产生混淆，因此向当地中级人民法院提起诉讼××火锅店侵犯商标权并且构成不正当竞争。

本案经历了两审终审，一审法院认为××火锅店侵害“××”注册商标专用权，构成不正当竞争。××火锅店不服，提起上诉。最终法院驳回上诉，维持了原判。

(2) 案例评析

此案为企业商标权与名称权的冲突所导致的风险，具体为登记在后的企业名称与注册在先的企业商标相冲突而导致的纠纷。

第一，××火锅店使用“××”及“湾××”标识侵犯了涉案“××”注册商标专用权。本案中，甲、乙系 “××”注册商标的注册人，其注册商标专用权依法应受法律保护。××火锅店提供的服务与涉案“××”商标核定的服务范围相同，其未经商标权利人甲、乙的许可，在经营的饭店店堂相框、灯饰、菜单、餐具等经营标识上突出使用“××”字样，属于在相同的服务领域使用相同商标，侵害了甲、乙涉案“××”注册商标专用权。

第二，××火锅店的行为构成不正当竞争。××火锅店经营地址隶属于苏州地区，在当下互联网经济时代，其应当知晓“××”品牌在上海、苏州地区取得的商誉，但其在明知与“××”品牌无任何关联的情况下，仍选择“××”作为字号进行登记、使用，并在实际经营中在经营标识、宣传中大量使用“××”及“湾 ××锅物料理”等字样，主观上明显具有攀附“××”已经取得的品牌声誉的故意，客观上造成消费者误认其提供的餐饮服务与“××”品牌之间存在关联，引起市场混淆，故××火锅店涉案行为违背诚实信用原则，不正当地抢占××品牌所取得的市场知名度和潜在市场份额，构成不正当竞争。

此类风险发生的主要原因在于我国现行法律规定二者在确权环节可以合法并存，实践中缺乏将企业名称与商标权进行联检机制的存在，而且企业名称确权过程中无公示、异议程序，因而恶意或善意地将他人商标作为企业名称字号注册登记的情况也会“合法地”产生和存在。[①] 根据2012年《企业名称登记管理规定》，并无直接规定与在先商标权相同或者相近似的文字不得登记为企业名称的相关条款，即使将他人知名商标作为企业名称字号进行登记可能构成违反《企业名称登记管理规定》第9.2条“可能对公众造成欺骗或者误解的”而最终无法登记。但一方面，知名商标认定较为繁琐，且“对公众造成欺骗或者误解”是一种较为主观的标准，另一方面，商标和企业名称并无联检机制。因此，现实中存在较多相同或者相似的企业名称与在先商标并存的情形。本案中的“××”商标与××火锅店纠纷正是基于此才产生的。

2. 案例二

(1) 案情简介[②]

被上诉人（原审原告）A公司为住所地在中国台湾的一家公司，分别向国家商标局申请注册了“錢櫃PARTYWORLD”、“钱柜PARTYWORLD”（指定颜色）、“PARTYWORLD”（指定颜色）商标并获得核准。该三项注册商标核定使用服务均为第41类，包括组织教育或娱乐竞赛、文娱活动、提供娱乐设施、娱乐信息、提供娱乐场所、提供伴唱机供顾客唱歌（KTV）设施等。

上诉人（原审被告）B公司成立于2000年1月13日，其BKTV店的门头及楼顶上标注了“富华PARTYWORLD”标识，“B”采用黄色较粗字体标注方式，“PARTYWORLD”排列于“B”之后，其中的英文字母采用白色较粗字体，扇形图案“”采用黄、绿两种颜色的组合。同时，大厅及包间内的宣传牌、点歌器屏幕、餐具、纸巾盒上亦多处可见“富华PARTYWORLD”标识。

被上诉人（原审原告）A公司据此主张南京B公司使用的标识与A公司的三项注册商标构成近似，因此向法院起诉南京B公司侵犯其商标使用权。南京B公司主张对商标使用在先，没有侵犯A公司的商标使用权。

本案经过二审终审，一、二审法院均认为南京B使用的商标标识与A公

① 彭曙曦、刘凤菊：《商标权与企业名称权冲突问题研究》，《知识产权》，2001年第5期。

② 参见（2015）苏知民终字第00001号判决书。

司的注册商标构成近似，侵犯了A公司的商标使用权。

(2) 案例评析

本案为其他经营者在生产经营活动中未经注册商标权利人同意而使用与注册商标相同或相似的标识所导致侵犯注册商标权的纠纷。本案的争议焦点为南京B公司是否在先使用"PARTYWORLD"标识，以及南京B公司使用的标识与A公司的注册商标是否相同或相近似。此案发生在《商标法》(2013修正)生效前，因此适用《商标法》(2001修正)，根据该法第52.1条的规定，"商标相同"、"商标近似"、"类似商品"、"类似服务"的认定是判断商标侵权的重要参考因素，然而具体的判定标准并不明确。大多数情况下，评判商标侵权的标准的重点在于是否可能导致消费者对于商品来源发生混淆而非局限于对于商品标识的相同或相似。

首先，A公司的"A"系列商标以及"PARTYWORLD"在KTV行业具有一定知名度。因此，当"BPARTYWORLD"标识与A公司的注册商标相比较时，"PARTYWORLD"成为该标识中的显著部分。其次，南京B公司使用标识中的"PARTYWORLD"与A公司注册商标中的"PARTYWORLD"相比，除字母"P"与"R"之间的图案略有差异外，其他字母完全相同，图案设计基本相同。最后，因为A公司的"A"系列商标以及"PARTYWORLD"在KTV行业的知名度，南京B公司使用"BPARTYWORLD"会使相关公众对双方服务的来源以及双方是否存在投资、合作等关联关系产生一定混淆与误认。因此，从整体上判断，"BPARTYWORLD"与A公司的注册商标近似。

《商标法》(2013修正)生效后，根据现行法律，我国判定商标侵权分为两步，首先，判断被诉标识是否构成商标性使用，其次，将被诉标识与注册商标进行比较，判断是否成立侵犯注册商标权。

3. 案例三

(1) 案情简介①

原告A公司为住所地在台湾的一家公司。A公司在大陆先后取得了"A"商标(核定使用商品为第10类之医疗器械和仪器、牙科设备、理疗设备等)、"AQ"商标(核定使用商品为第10类之医疗器械和仪器、牙科设备、理疗设备等)。2003年11月11日，A公司关联投资设立南京A医院有限公司，2009年开始实际经营，后开始制造销售"AQ"医械产品。A公司大量投放广

① 参见(2010)苏知民终字第0099号判决书。

告扩大其品牌影响力，其商标被当地行政管理局认定为省著名商标、市知名商标。

被告B公司是医疗仪器设备及器械制造公司。在长期经营中，B公司在其制造销售的B产品上先后印制"MJ"＋"A"商业标识以及"MJ"＋"A医材"商业标识，并在后期将"MJ"＋"A医材"商业标识使用于网页宣传中。

原告A公司据此认为B公司注册带有"A"字样的公司名称，试图攀附名牌，造成公众认知混淆，是企图用合法形式掩盖非法目的，已经严重侵犯了A公司的商标专用权。请求法院判令B公司停止不正当竞争行为；停止销售并销毁印有"A"、"AQ"字样的产品及宣传资料；在国家级媒体上公开发表对自己侵权行为表示道歉的声明；立即赔偿A公司损失与为制止B公司不正当竞争行为所支付的合理开支。

二审法院均认为：第一，B公司在网页中使用"New Area AQ Macromolecule Medical Apparatus Co.，LTD"的行为是模仿A公司拥有的商标，意图借用"AQ"注册商标的知名度以及所附带的商誉，混淆市场辨别，损害了"AQ"注册商标专用权；第二，B公司使用"MJ"＋"A"及"MJ"＋"A医材"商业标识的行为容易使相关消费者产生混淆或误认，应依法承担侵权责任；第三，B公司使用"A"企业名称的行为，属于在既不相同又不相似的商品类别上优先使用企业名称，没有侵犯A公司的注册商标权。

（2）案例评析

本案为其他经营者在生产经营过程中，一是在网页宣传企业名称翻译中使用他人注册商标；二是在产品中使用与他人注册商标相同或相似的商业标识；三是企业名称与他人注册商标相同三类行为产生的纠纷。

其中，第一、第三类行为在上述案例一、案例二中已经进行了阐述，此处不再赘述。而第二类行为本身并非我国法律漏洞，是侵权行为人自以为掌握了法律的漏洞而进行的商标侵权行为。无论是在本案中，还是其他类似的案件中，法院均认为这种将与他人注册商标相同或相近似的文字及标识用于相同或类似的服务类别的行为，容易引人误解，造成一般消费者的混淆。再加上A公司持有的是驰名商标，因此B公司的行为构成对驰名商标的模仿，在网页上使用上述标识的行为足以导致相关公众误认为其所提供的服务与A公司有某种特定联系，从而导致A公司的利益受到损害。因此此类行为在判断侵权时不存在太大风险，其风险在于发生侵权后如何维权。

4. 案例四

(1) 案情简介

本案原告A卫厨(中国)股份有限公司是台湾A股份有限公司转投资的专业生产、销售卫厨的台资企业。台湾A股份有限公司先后取得了“A+SAKURA”、“图+SAKURA+A”的商标使用权,英属维尔京群岛A企业有限公司拥有“A”文字商标,三项商标核定使用商品均为第11类。A卫厨(中国)股份有限公司通过转让获得了上述三项商标使用权。

2008年,“苏州A电器有限公司”因涉嫌侵犯A卫厨(中国)股份有限公司的字号权、商标权等不正当竞争行为,被A卫厨(中国)股份有限公司诉至法院。苏州A电器有限公司根据法院的终审判决①及强制执行,于2009年7月将企业名称变更为苏州B电器有限公司。其后数日内,该公司的实际控制人甲注册了苏州“A”科技发展有限公司、苏州“A”生活厨电设备有限公司等六家公司,且其经营项目均为家用电器、燃气用具及安全附件、太阳能热水器等。

据此,A卫厨(中国)股份有限公司认为甲恶意在不同的行政区域大量的登记注册了以“A”为字号的企业,登记注册了大量以“A厨卫”、“A卫厨”为核心的企业名称。同时,这些不法企业大量注册了与A卫厨(中国)股份有限公司注册商标相近似的商标。通过擅自扩大商标核定使用的产品的方式,以及在注册的商标上适用与A卫厨(中国)股份有限公司特有的颜色组合商标相同的色彩搭配,故意造成消费者的混淆和误认,并结合“A”字号的使用,严重损害了A卫厨(中国)股份有限公司的利益。

因此,A卫厨(中国)股份有限公司向有关工商行政管理局提交了企业名称登记异议申请书。

(2) 案例评析

本案为其他经营者在生产经营过程中未经过权利人同意而使用相近似的字号和商标所导致的侵犯字号权与商标权纠纷。

由于在产品中使用与他人相同或近似的商标的问题在上述案例二中已经涉及,且本案中A卫厨(中国)股份有限公司的核心关注点在于异议企业的字号,因此以下将重点关注未经权利人同意而使用相近似的字号的风险成因。

① 参见(2008)苏民三终字第0053号判决书。

首先，前述案例一中已经涉及关于企业名称权在我国由于法律性质不明确而产生的法律风险，此处不再赘述。

其次，本案还涉及关于在不同登记注册地域和不同行业领域注册字号相同或相似的行为是否构成侵犯企业名称权。根据 2012 年《企业名称登记管理规定》第 6.1 款，“企业只准许使用一个名称，在登记主管机关辖区内不得与已登记注册的同行业企业名称相同或者相近似”。依照该条规定，企业名称专用权的效力只在一定的地域范围与相同行业范围内才有效，超出行政区域和行业限定的范围，企业名称专用权就不受保护。由此，在登记区域外擅自使用他人企业名称这一行为可能因为行政区域、行业的限制而不构成侵权行为。同时，由于我国企业名称是由行政区划名称、字号、行业或者经营特点、组成形式四要素组成的，而企业名称专用权仅仅针对的是企业全名称的专用权，而非对于企业名称中的四个构成要素分别享有专用权。因此，企业法人名称的核心部分字号不具有专用权，辖区外的企业或是辖区内不同行业的企业，均可以登记使用相同字号而不侵犯他人企业名称权。[①] 这显然对于权利人来说十分不公，因为字号是企业名称的重要组成部分，应当是企业名称权中最核心的客体，因此，《反不正当竞争法》(2017 修订)第 6 条对于混淆和淡化他人企业名称的行为进行了规制，而重点即针对其中的字号。

但是即使如此，由于目前没有形成较为完善的认定相同行业的法律规范，因此案件审理存在较大的不确定性，案件的最终处理结果也可能受法官主观评判的影响较大。[②] 同时，如同本案中的异议企业，有侵权者在企业名称登记注册时填写完全不相同的行业领域，但是实际经营过程的行业是重合的现象也屡见不鲜。

(五) 防范对策

针对商标权保护可能存在的法律风险，商标权人一方面应当加强自身对于商标权的经营，将品牌作为增加企业综合竞争力的要素去维护，积极扩大品牌影响力。另一方面，应当及时发现对于自身商标进行的侵权行为，防止他人利用“搭便车”行为攀附商标，造成自身商标中所包含的商誉减损。

---

① 孙曼曼：《论企业名称权保护中的侵权行为和不正当竞争行为》，《宁夏大学学报(人文社会科学版)》，2009 年第 1 期。

② 参见赵千喜：《字号相同行业交叉时企业名称的侵权认定》，《人民司法》，2012 年第 4 期。

1. 商标注册申请

企业应重视并积极保护自有商标，避免被侵权后因缺乏权利依据而无法得到法律救济。因此，企业应在其内部形成商标管理体系，对是否以及如何申请注册商标做充分论证；在选择商标进行注册时，应结合目标市场的中长期规划、综合相关行政区域与行业领域选择显著性强的组合商标申请注册，构建企业的商标防御体系，并注意商标的选择与企业字号相结合，从而既能降低商标假冒的侵权行为，又能避免商标与企业名称权冲突的法律风险。

2. 商标侵权

一方面，商标权人在发现侵权行为后，应当在遵守法律的前提下通过合理的手段解决纠纷。《商标法》(2013 修正)第 60 条规定，因侵犯注册商标专用权行为引起纠纷的，除了可以通过诉讼的手段解决，向工商行政管理部门请求处理也可以作为一条解决纠纷的途径，且二者可以并用。当然，无论选择何种解决方式，都需要建立在掌握足够充足的证据的前提下。因此，商标权人应尽早主动搜集并通过公证等手段积极获取、固定证据。在遇到商标侵权纠纷时，要做好长期处理的方案，并且及时跟进处理结果信息的整合，以便更好地解决纠纷。同时，针对实践中对于商标权与企业名称权发生冲突时应当如何适用法律尚不明确的情形，台商在实际经营过程中应注意对已注册商标的实际使用，并积极运用司法程序维护自身的合法权益。

另一方面，企业也要积极防范侵犯他人商标专用权的法律风险。首先，如需要使用他人商标的，应事先取得商标权利人的许可。其次，在日常生产经营活动中，应依托企业内部的商标管理体系，主动审查并避免侵犯他人注册商标专用权的行为。最后，面对商标权利人的侵权主张，应审慎分析本企业是否确实存在侵权行为，搜集相关资料积极应对。

四、著作权保护中的法律风险及其防范

(一) 著作权及特征

著作权，是指自然人、法人或其他组织对文学、艺术和科学作品依法享有的财产权利和精神权利的总称。在我国，著作权等同于版权。[①] 著作权作为

① 参见吴汉东主编：《知识产权法学》(第六版)，北京大学出版社，2013 年版，第 27 页。

知识产权的一种，与其他种类的知识产权相类似，都具有时间性、地域性、法定性等特征，但同时也有自己独特的个性特征。[①] 根据《著作权法》(2010 修正)第 2 条和第 10 条的规定，著作权具有自动性，即著作权作品创作完成之日起即刻自动产生，无需履行任何手续；著作权同时具有双重性，即著作权包括财产权和人身权两方面的权利，且这两种权利互相独立。

(二) 著作权的法律保护

《著作权法》(2010 修正)以及其他相关法律规范规定了侵犯著作权的行为和侵权人应当承担的法律责任。

侵犯著作权或与著作权相关权利的行为人应当承担的民事责任形式主要是停止侵害、消除影响、赔礼道歉和赔偿损失等。《著作权法》(2010 修正)第 49 条规定，权利人在要求侵权人承担赔偿损失的责任时，可以要求按照实际损失获得赔偿，也可以按照侵权人的违法所得获得赔偿。同时，赔偿数额应当包括权利人为制止侵权行为所支付的合理开支。

侵犯著作权或与著作权相关权利的同时又损害公共利益的，行为人在承担民事责任后，还应当承担相应行政责任。《著作权法》(2010 修正)第 48 条规定，著作权行政管理和执法主要由国家版权局和地方版权行政管理机关来实施。著作权行政处罚的方式主要是责令停止侵权行为，没收违法所得；没收、销毁侵权复制品；罚款；没收主要用于制作侵权复制品的材料、工具、设备等。与此同时，《反不正当竞争法》(2017 修订)对实施混淆行为的经营者，还规定了由监督检查部门责令停止违法行为，没收违法商品。违法经营额五万元以上的，可以并处违法经营额五倍以下的罚款；没有违法经营额或者违法经营额不足五万元的，可以并处二十五万元以下的罚款。情节严重的，吊销营业执照。

侵权人侵犯著作权或者与著作权相关权利的行为构成犯罪的，《著作权法》(2010 修正)第 48 条明确规定应当依法追究刑事责任。与之相呼应，《刑法》(2017 修正)第 217 条和第 218 条分别规定了侵犯著作权罪、销售侵权复制品罪。

同时，最高人民法院、最高人民检察院《关于办理侵犯知识产权刑事案件具体应用法律若干问题的解释》、《关于办理侵犯知识产权刑事案件具体应用

① 参见曹新明:《知识产权法学》(第二版)，中国人民大学出版社，2011 年版，第 27 页。

法律问题若干问题的解释(二)》对上述第 217 条和第 218 条的具体适用做了更为详细的规定。

(三) 法律风险与主要问题

《著作权法》(2010 修正)第 3 条规定,以文字、口述、音乐、戏剧、曲艺、舞蹈、杂技艺术、美术、建筑、摄影、电影和以类似摄制电影的方法创作的工程设计图、产品设计图、地图、示意图等图形和模型、计算机软件等形式创作的作品,都享有著作权。因此,企业在日常经营过程中,如制作广告、使用计算机软件等,均可能产生著作权受到侵犯或侵犯他人著作权的法律风险。著作权行使过程中,存在的侵权与违法行为及由此导致的法律风险主要可分为以下四种:

1. 侵犯著作人身权的行为

(1) 未经著作权人许可发表其作品,或未经合作作者许可,将与他人合作创作的作品当作自己单独创作的作品发表,侵犯了著作权人或合作作者的发表权。

(2) 没有参加创作或在作品创作中作出智力贡献的个人,为谋取个人名利,擅自在他人作品上署名,侵犯了著作权人的署名权。

(3) 歪曲、篡改他人作品,侵犯了著作权人的保护作品完整权。

(4) 剽窃他人作品的,若剽窃他人未发表作品并以自己的名义发表,则侵犯了著作权人的发表权和署名权;若剽窃他人已发表的作品,则侵犯了著作权人的署名权。

2. 侵犯著作财产权的行为

(1) 未经著作权人许可,复制、发行、表演、放映、广播、汇编、通过信息网络向公众传播其作品。

(2) 未经著作权人许可,以展览、摄制电影和以类似摄制电影的方法使用作品,或者以改编、翻译、注释等方式使用作品。

(3) 未经著作权人许可,展览美术作品、摄影作品的原件或复制件。但美术作品原件所有人展览原件并不侵权。

(4) 使用他人作品,应当支付报酬而未支付。

(5) 未经著作权人许可,出租电影作品和类似摄制电影的方式创作的作品、计算机软件。

(6) 未经出版者许可,使用其出版的图书、期刊的版式设计。

(7) 未经表演者许可，从现场直播或者公开传送其现场表演，或录制其表演。或者复制、发行、通过信息网络向公众传播录有其表演的录音制品。

(8) 未经录音录像制作者许可，复制、发行、通过信息网络向公众传播其制作的录音录像制品。

(9) 未经广播电视组织者许可，播放或者复制广播、电视。

3. 与作品、表演、录音录像制品相关的违法行为

根据 2013 年修改的《信息网络传播权保护条例》的规定，下列行为均属于侵权行为：

(1) 未经著作权人或邻接权人许可，通过信息网络擅自向公众提供他人的作品、表演、录音录像制品的；

(2) 故意避开或者破坏技术措施的；

(3) 故意删除或者改变通过信息网络向公众提供的作品、表演、录音录像制品的权利管理电子信息，或者通过信息网络向公众提供明知或者应知未经权利人许可而被删除或者改变权利管理电子信息的作品、表演、录音录像制品的；

(4) 为扶助贫困通过信息网络向农村地区提供作品、表演、录音录像制品超过规定范围，或者未按照公告的标准支付报酬，或者在权利人不同意提供其作品、表演、录音录像制品后未立即删除的；

(5) 通过信息网络提供他人的作品、表演、录音录像制品，未指明作品、表演、录音录像制品的名称或者作者、表演者、录音录像制作者的姓名（名称），或者未支付报酬，或者未依照该条例规定采取技术措施防止服务对象以外的其他人获得他人的作品、表演、录音录像制品，或者未防止服务对象的复制行为对权利人利益造成实质性损害的。

4. 网络服务提供商的侵权行为

依据服务内容不同，网络服务提供商可以分为网络技术服务者和网络内容服务者两种：网络技术服务者主要提供网络接入、网络平台等服务；网络内容服务者主要提供网络内容和产品服务。《侵权责任法》第 36 条对网络服务提供商的侵权责任作出了明确规定：

(1) 网络用户、网络服务提供者利用网络侵害他人民事权益的，应当承担侵权责任；

(2) 网络用户利用网络服务实施侵权行为的，被侵权人有权通知网络服务提供者采取删除、屏蔽、断开链接等必要措施；网络服务提供者接到通知后

未及时采取必要措施的，对损害的扩大部分与该网络用户承担连带责任；

(3) 网络服务提供者知道网络用户利用其网络服务侵害他人民事权益，未采取必要措施的，与该网络用户承担连带责任。

（四）案例与评析

1. 案情简介

本案是A公司员工非法安装B公司软件侵犯其著作权纠纷案。

A公司为一家台资企业，2010年5月12日，其公司内部4台电脑被当地版权局协同公安机关在一次稽查中查出非法安装了B公司的4套UG软件，且未经B公司的授权。2010年5月17日，B公司向A公司发送律师函要求A公司赔偿相应损失。

2. 案例评析

该案为公司员工非法安装未经授权的软件侵犯他人软件著作权的纠纷。

此案的风险来自于企业自身著作权管理中的漏洞所导致的违法行为。在纠纷中，双方争议的焦点集中在责任的承担与最后的赔偿金额中。对此《著作法》(2010修正)第49条有明确规定："侵犯著作权或者与著作权有关的权利的，侵权人应当按照权利人的实际损失给予赔偿；实际损失难以计算的，可以按照侵权人的违法所得给予赔偿。赔偿数额还应当包括权利人为制止侵权行为所支付的合理开支。权利人的实际损失或者侵权人的违法所得不能确定的，由人民法院根据侵权行为的情节，判决给予五十万元以下的赔偿。"

通过对中国裁判文书网上获取的有关侵犯软件著作权的生效判决书进行梳理可知，在日常办公中非法安装侵权软件是十分常见的一类侵权行为。此类侵权行为发生后，软件权利人多采取诉前证据保全的手段，证据效力高，因此侵权行为人败诉率高，且赔偿金额多为法院酌情判断，存在较大不确定性。

（五）防范对策

1. 著作权确权

在作品形成前，企业可就作品的著作权归属做明确的约定，特别针对常出现纠纷的合作、职务、汇编作品等，应在《著作权法》(2010修正)允许的范围内事先作出明确的约定，以避免作品完成后著作权权属不清的风险。

2. 著作权侵权

企业既要防范自有的著作权受到他人的不法侵害，更要主动避免成为他人著作权的侵权人。为此，企业可以从以下四个方面着手进行风险防范：

(1) 建立著作权管理体系，从企业内部规章制度的构建着手，建立、完善相关自有作品的使用、许可等制度，并建立著作权侵权预警机制，以及时发现著作权侵权行为；

(2) 对他人作品的使用，应根据《著作权法》(2010 修正)第 22 条和第 23 条的规定，确定合法使用的范围，或者根据著作权许可使用和转让合同的约定，取得著作权人的授权，并确定权利的类型与限制；

(3) 建立事后补救机制，在纠纷发生后应立即停止侵权行为，搜集相关证据信息，妥善应对。实践中，公司及时停止侵害并且积极与软件著作权利人进行沟通商讨赔偿事宜是法院酌情减少赔偿数额时的重要考虑因素，可以在一定程度上减少公司损失。应特别强调的是，在纠纷的解决过程中，企业应当遵守相关法律、法规，合法合理地维护自身的权利。

五、商业秘密保护中的法律风险及其防范

(一) 商业秘密及其特征

商业秘密是指不为公众所知悉，能为权利人带来经济利益，具有实用性并经权利人采取保密措施的技术信息和经营信息。TRIPS 协议同《反不正当竞争法》(2017 修订)均对商业秘密的特征进行了规定，即秘密性、价值性、采取保密措施。

秘密性，即不为公众所知悉。指有关信息没有为公众普遍知晓并且该信息不能通过公开渠道如出版物、网络等轻易获悉。价值性，即商业秘密的实用性，指该信息具有确定的可应用性，能为权利人带来现实或潜在的经济利益或竞争优势。采取保密措施指有关信息的所有人主观上将该信息视为秘密，客观上采取适当保密措施以维持信息的秘密性，具体包括订立保密协议、建立保密制度等。

(二) 商业秘密的法律保护

我国主要采取民事制裁、行政制裁以及刑事制裁的方式制止侵犯商业秘

密的行为以保护商业秘密。与专利、商标与著作权以专门法保护不同，商业秘密保护的法律规定分散于《反不正当竞争法》（2017 修订）、《劳动法》（2009 修正）、《劳动合同法》（2012 修正）、《刑法》（2017 修正）等诸多法律规范中。

《反不正当竞争法》（2017 修订）第 17 条规定了侵犯商业秘密的民事责任，即经营者违反该法规定，给他人造成损害的，应当承担损害赔偿责任。同时，还规定了因不正当竞争行为受到损害的经营者的赔偿数额，按照其因被侵权所受到的实际损失确定；实际损失难以计算的，按照侵权人因侵权所获得的利益确定。赔偿数额还应当包括经营者为制止侵权行为所支付的合理开支。如实际损失、侵权人因侵权所获得的利益难以确定的，由人民法院根据侵权行为的情节判决给予权利人三百万元以下的赔偿。

《反不正当竞争法》（2017 修订）第 21 条还规定了相应的行政责任，即由监督检查部门责令停止违法行为，处十万元以上五十万元以下的罚款；情节严重的，处五十万元以上三百万元以下的罚款。

对于侵犯商业秘密情节严重的，《刑法》（2017 修正）第 219 条还规定了侵犯商业秘密罪及其具体的认定标准与刑罚处罚。

此外，在《劳动法》（2009 修正）和《劳动合同法》（2012 修正）中还规定了用人单位可以与劳动者在劳动合同中约定保守商业秘密的义务和相应的违约责任。

（三）法律风险与主要问题

在商业秘密保护中，法律风险主要来自经营者采取不正当手段或违反约定或保密要求，获取、揭露、使用权利人的商业秘密的行为。无论是在商业秘密的形成或存续阶段，商业秘密保护的主要法律风险均在于能否采取保密措施有效地维持相关经营信息、技术信息的价值性和秘密性，否则将导致一方面相关经营信息、技术信息无法形成商业秘密，另一方面将导致已经形成的商业秘密丧失已有的法律保护。因此，针对商业秘密的价值性和秘密性的维系，《反不正当竞争法》（2017 修订）第 9 条对可能存在的侵权行为与情形做了详细列举：

1. 以盗窃、贿赂、欺诈、胁迫或者其他不正当手段获取权利人的商业秘密。

根据此款规定，实际上不管行为人采用什么不正当手段，只要违背商业秘密权利人的意愿，采用不正当手段，获取权利人的商业秘密，就是以不正当手段获取权利人商业秘密的不正当竞争行为。当然，以正当手段获取他人的商业秘密不会构成侵权。其主要包括：通过独立研制开发取得相同或者近似的商业秘密；通过合法取得他人产品进行解剖分析的反向工程获取他人的商业秘密；经商业秘密权利人的授权而获取或使用该商业秘密；他人或者第三人以善意的方式取得该商业秘密。

2. 披露、使用或者允许他人使用以前项手段获取的权利人的商业秘密。

行为人将其用不正当手段获取的商业秘密告知他人或公之于众，自己使用或者允许、转让给他人使用该商业秘密的行为构成侵犯商业秘密的侵权行为。

3. 违反约定或者违反权利人有关保守商业秘密的要求，披露、使用或者允许他人使用其所掌握的商业秘密。

与上述两种侵犯商业秘密行为是以不正当或者非法手段获取不同，第三种侵犯商业秘密行为在商业秘密的获取上是正当的、合法的。例如，权利人的职工根据劳动合同与权利人建立了劳动合同关系，就可能因为工作需要而接触、掌握、使用商业秘密，职工在获取商业秘密的行为上是合法的，但是因为劳动合同中有关保密条款的规定、权利人与职工专门订立的保密协议的约定，以及权利人有关保守商业秘密的要求，职工就负有了保守权利人商业秘密的义务。另外，不能认为一定要有保密条款或者保密约定的职工才有保守商业秘密的义务，只要权利人对职工有保守商业秘密的要求，职工就有义务保守权利人的商业秘密。如果职工违反合同约定或者权利人有关保守商业秘密的要求，披露、使用或者允许他人使用其所掌握的权利人的商业秘密，就是侵犯商业秘密的不正当竞争行为。

又如，因为与权利人有业务关系的单位和个人在与权利人订立和履行技术合同时也可能会获取商业秘密，并可能实施侵害行为。该类行为在获取商业秘密的行为上虽然并不违法，但是基于技术许可合同中保密条款的规定或者权利人有关保守商业秘密的要求，行为人就负有了保守商业秘密的义务，如果行为人违反约定或要求，将自己所掌握的商业秘密予以披露、使用或者允许他人使用，就构成了对权利人商业秘密权的侵害，是不正当竞争行为。

4. 第三人明知或者应知商业秘密权利人的员工、前员工或者其他单位、个人实施前款所列违法行为，仍获取、披露、使用或者允许他人使用该商业秘密的，视为侵犯商业秘密。

第三人在明知或应当知道存在侵犯商业秘密违法行为的情况下，仍然获取、使用或披露他人的商业秘密，视为侵犯商业秘密。此处第三人虽然不是非法获取商业秘密的直接责任人，但是其明知或应当知道商业秘密是以不正当手段或非法手段所获取而依然获取、使用或披露该商业秘密，因此同样需要承担侵犯商业秘密的法律责任。

(四) 案例与评析

1. 案情简介

A公司在台湾乃至亚洲胶带行业具有领导地位，其品牌胶带畅销全世界，是一个全球范围内的优良品牌。B公司是全球最大的不干胶标签材料生产商之一。1984年，A公司自行研发并成功量产"外加增粘剂的高分子胶"，对不同材质黏着力均良好，因此，这种高分子胶的设备、工艺、经营方式成为了A公司的核心秘密。1987年，B公司与A公司开始接触，谎称用自己4种不公开原胶换取A公司高分子胶的原胶，但得到A公司原胶后，B公司以自己的4种不公开原胶为"技术秘密"为由拒绝提供。1987年至1993年间，B公司借口未来合资，分多次打探A公司商业秘密、设备、工艺状况、生产成本等参数。最终，B公司通过从A公司获得的情报，成功进入中国大陆市场。2004年，A公司与B公司互相起诉对方侵犯自身商业秘密。

2. 案例评析

该案为企业经营过程中发生侵犯商业秘密的纠纷。

对于本案来说，风险主要源自企业自身对于商业秘密保护缺乏科学有效的管理体系。企业在日常经营过程中经常会遇到需要与他方合作的情形。在合作过程中，特别是合作初期，可能会为了获得合作机会而放松对企业商业秘密的保护，如邀请考察、介绍工艺、递交商业计划书等，为侵权人获取商业秘密提供了机会，甚至有些直接提供了商业秘密的相关内容。

商业秘密保护离不开企业自身的重视，商业秘密权利人需要采取合理的措施使得商业秘密保持秘密状态。如果权利人自己都不采取必要措施保护该秘密，其对于该秘密的态度的外在表现会使得法律不倾向于对其提供额外的保护；同时，一旦权利人对商业秘密采取了合理的措施进行保护，则发生实际侵权时，商业秘密具有了可测量性而更有可能得到保护。① 但是实践中，许多商业秘密权利人对于自身的商业秘密缺乏明确的界定，使得纠纷发生时

---

① 赵雷：《论美国法中证据相关商业秘密的保护》，《知识产权》，2013年第2期。

无法明确商业秘密的权属，再者，多数企业在证明自身商业秘密受到侵害时，由于缺乏证据意识，造成最后因为举证不能而难以认定侵权行为的存在。

（五）防范对策

对于商业秘密权利人来说，首先应当明确商业秘密的界限，确保商业秘密的秘密性与价值性，明确界定商业秘密以便区分侵犯商业秘密与对商业秘密的正当使用，通过合法手段获取商业秘密。

其次，应当建立商业秘密管理机制，制定相关规章制度并严格执行，减少可能的商业秘密泄露途径。如前所述，商业秘密的泄密渠道主要可分为三种：科技人员或管理、营销人员调动、业余兼职、“跳槽”、退休后再就业而泄密；技术转让过程中，受让方不履行保密义务而泄密；外部人员窃取商业秘密。企业可针对上述三种渠道采取相应的保密措施。具体可以参照司法实践中判断是否对商业秘密采取保密措施的标准：针对权利人的职工泄密，应限定涉密信息的知悉范围，建立密级制度，只对必须知悉的相关人员告知相应内容；针对合作对方可能的侵权行为，应在接洽前与之签订保密协议或竞业禁止协议，对于涉密的机器、厂房、车间等场所限制来访者或者提出保密要求；针对外部人员窃取行为，应在涉密信息的载体上标有保密标志，对涉密信息载体采取加锁等防范措施，对于涉密信息采用密码或代码等。

最后，在发生纠纷时，应依据法律规定，积极采取法律手段维护自身权益。权利人可委托专业人士调查取证，并通过公证机关进行证据保全，以免因为证据不足而造成败诉的风险增加损失。

第七部分　仲裁所涉法律风险及其防范

一、仲裁及其法律制度概述

(一) 仲裁及其特点

仲裁是对平等主体的公民、法人和其他组织之间发生的合同纠纷和其他财产权益纠纷进行居中评判的一种纠纷解决制度。仲裁具有以下特点：自愿性，即仲裁权来自于双方当事人的授予，仲裁充分尊重当事人的意思自治；保密性，即仲裁以不公开进行为原则，以当事人协议公开为例外；专业性，即仲裁员一般都是各行业的专家；快捷性，即仲裁实行一裁终局，仲裁裁决自作出之日就发生法律效力，和法院判决一样具有法律约束力，且仲裁审理期限一般都比诉讼短，且仲裁程序相对灵活可选择；独立性，即仲裁依法独立进行，不受行政机关、社会团体和个人的干涉；国际性，即仲裁已成为国际上公认并广泛采用的解决争议的重要方式。

(二) 仲裁相关法律制度

我国的仲裁法律制度经历了从无到有、从不规范到规范、从零散到完整的发展过程，目前已经形成了包括法律、法规、司法解释、我国缔结参加的国际条约等在内的较为完整统一的体系。

与仲裁相关的法律主要有《仲裁法》(2017 修正)、《合同法》、《民事诉讼法》(2017 修正)、《法律适用法》。《仲裁法》(2017 修正)分为八章，对仲裁委员会和仲裁协会、仲裁协议、仲裁程序、申请撤销裁决、执行和涉外仲裁特别规定等进行了规定。《合同法》对仲裁相关的规制，主要涉及对合同选择仲裁解决纠纷与诉讼具有同样的法律效果。《民事诉讼法》(2017 修正)第二十六章对仲裁进行了一般规定。《法律适用法》对当事人选择涉外民事关系适用的法律以及仲裁协议适用的法律进行了规定。

除法律外，国务院办公厅先后发布了多份有关仲裁的规范性文件，包括

《重新组建仲裁机构方案》、《仲裁委员会登记暂行办法》、《仲裁委员会仲裁收费办法》，明确了仲裁委员会的组成方式、受案范围、登记办法和收费办法，并为国内仲裁委员会提供了《仲裁委员会章程示范文本》和《仲裁委员会仲裁暂行规则示范文本》。此外，国家工商局也发布《关于修改〈工矿产品购销合同〉等经济合同示范文本有关条文的通知》，将选择仲裁机构加入“争议解决方式”，由当事人自主选择。

最高人民法院2006年发布了《关于适用〈中华人民共和国仲裁法〉若干问题的解释》（以下简称《仲裁法司法解释》）、《最高人民法院关于适用〈中华人民共和国涉外民事关系法律适用法〉若干问题的解释（一）》（以下简称《法律适用法司法解释》），对仲裁协议的形式和效力、仲裁协议效力的确认、申请撤销仲裁裁决和不予执行仲裁裁决等有关问题予以规范。2017年5月开始，最高人民法院相继颁布了《关于仲裁司法审查案件归口办理有关问题的通知》（法释〔2017〕第152号）、《关于仲裁司法审查案件报核问题的有关规定》（法释〔2017〕第21号）、《关于审理仲裁司法审查案件若干问题的规定》（法释〔2017〕第22号），以及《关于人民法院办理仲裁裁决执行案件若干问题的规定》（法释〔2018〕第5号），对仲裁司法审查、仲裁裁决执行等相关问题予以规范。江苏省高院2007年出台了《关于审理民商事仲裁司法审查案件若干问题的意见》，从申请确认仲裁协议效力、申请撤销或执行我国仲裁裁决以及申请承认和执行外国仲裁裁决等仲裁司法审查的方面，依法支持和监督仲裁工作。

除了上述法律、法规、司法解释、规范性文件外，我国于1987年加入《纽约公约》，为成员国之间相互承认和执行外国仲裁裁决提供了保证和便利。

1995年《仲裁法》实施后，截至1999年江苏省十三个市先后由市政府组建仲裁委员会，开展仲裁工作。1998年底，南京市政府组建成立了南京仲裁委员会，为认真宣传贯彻《仲裁法》，倡导运用仲裁手段保护自身的合法权益，市政府办公厅先后下发了《关于切实做好〈中华人民共和国仲裁法〉贯彻施行工作有关问题的通知》、《关于进一步推行仲裁法律制度的通知》，市工商局、市建委也先后下发了《关于规范标准（格式）合同中的争议解决方式条款，倡导运用仲裁手段解决合同争议的通知》、《关于在我市建设系统进一步推行仲裁法律制度的意见》等等。为适应仲裁领域更加开放的新形势，借鉴境内外仲裁机构的有益经验，南京仲裁委员会于2016年5月通过并施行了新版《南京仲裁委员会仲裁规则》，该版仲裁规则充分尊重当事人意思自治，旨在为当事人提供更加系统而便利的争议解决程序,为境内外当事人提供优质高效的仲裁法律服务。

(三) 仲裁所涉法律风险与主要问题

仲裁风险主要是指仲裁当事人及其代理人在仲裁活动中的不当作为可能使仲裁目的无法实现的情形。仲裁风险一般由当事人承担。仲裁风险的存在,会给当事人造成不必要的损失。

仲裁活动虽然复杂,但却有其内在的规律性,通过把握仲裁活动内在的规律,可以控制和防范相当一部分的仲裁风险。下面将结合具体仲裁案例来分析常见仲裁风险的情形,包括:管辖风险、参与人"不正当行为"风险、司法审查风险、跨域仲裁法律适用风险、仲裁特点导致的风险等,并对如何防范仲裁风险提供相应的防范建议。

二、仲裁管辖风险及其防范

(一) 仲裁管辖权及相关法律规定

仲裁管辖权是指仲裁机构依据法律的规定,在当事人约定的某种情况发生时对某一特定的争议享有审理并作出裁决的权利。管辖权问题是仲裁程序必须解决的首要问题,是仲裁程序得以进行的基石和条件。如果没有管辖权,即使作出了裁决书,也可能被法院撤销或者拒绝执行。

仲裁作为一种非诉纠纷解决方式,与诉讼方式不同,双方当事人将所发生的争议提交仲裁机构仲裁解决的一致意思表示,是授予仲裁机构对争议处理的管辖权,并排除法院司法管辖权的法律依据。《仲裁法》(2017 修正)第 4 条及第 6 条分别对此规定如下:"当事人采用仲裁方式解决纠纷,应当双方自愿,达成仲裁协议。没有仲裁协议,一方申请仲裁的,仲裁委员会不予受理","仲裁委员会应当由当事人协议选定"。由此可见,纠纷是否可以通过仲裁解决以及哪个机构享有仲裁管辖权取决于当事人之间达成的仲裁协议。

(二) 法律风险与主要问题

与仲裁管辖权相关的法律风险主要包括两种类型:

1. 瑕疵仲裁协议的效力风险

依据《仲裁法》(2017 修正)第 16 条的规定,一份完整的仲裁协议,应当包括请求仲裁的意思表示、仲裁事项及选定的仲裁委员会等三方面内容，缺一不可。但在实务中，当事人往往会签订一些不规范的仲裁协议，即为瑕疵仲裁协议，这些瑕疵往往影响了仲裁协议的效力。实务中常见的瑕疵仲裁协议包括：当事人在同一仲裁协议中约定了两个或两个以上仲裁机构；当事人约定了仲裁地点但未约定仲裁机构；当事人约定争议既可以向仲裁机构申请仲裁也可以向人民法院提起诉讼；约定的机构有待纠纷发生后才能确定等。

2. 争议事项不可仲裁风险

依据《仲裁法》(2017 修正)第 2 条的规定，将双方当事人在仲裁协议中约定的争议事项的范围概括地规定为“平等主体的公民、法人和其他组织之间发生的合同纠纷和其他财产权益纠纷”。同时，依据《仲裁法》(2017 修正)第 3 条的规定，与身份权有关的案件及行政案件不可仲裁。

因此双方当事人在仲裁协议中约定的争议事项必须是合同纠纷和其他财产性法律关系的争议，诉讼案件和非财产性纠纷，不能进行仲裁。争议事项必须是平等主体之间发生的且当事人有权处分的财产权益纠纷，由强制性法律规范调整的法律关系的争议不能进行仲裁。同时，由于劳动争议和农业集体经济组织内部的农业承包合同纠纷不同于一般经济纠纷，它们在仲裁原则、程序等方面有自己的特点，《仲裁法》(2017 修正)第 77 条规定，劳动争议和农业承包合同纠纷的仲裁，另行规定。可见，当事人在仲裁协议中约定的争议事项若属于不可仲裁事项，则仲裁协议无效。

(三) 案例与评析

1. 案例一

(1) 案情简介

2014 年 5 月 6 日某开发商公司与购房者签订购房协议，约定“当事人不愿协商、调解的，或协商、调解不成的，可通过向南京或合同签订地仲裁委员会申请仲裁”，后双方发生纠纷，开发商公司在南京仲裁委员会立案，购房者提出管辖权异议认为本案合同签订地为苏州，双方约定仲裁机构不明，后双方无法对仲裁机构达成合意，南京仲裁委员会认定对该案无管辖权。

(2) 案例评析

本案涉及仲裁管辖权异议纠纷，即当事人在同一仲裁协议中约定了两个或两个以上仲裁机构。

该类仲裁协议是否有效不能一概而论。从仲裁协议的构成要件来看,当事人请求仲裁的意思表示是明确的,但在仲裁机构的约定上存在瑕疵。该类仲裁协议的效力待定,按照《仲裁法司法解释》的规定,当事人在同一仲裁协议中约定了两个以上的仲裁机构并不必然导致仲裁机构约定不明确的结果,双方当事人若能从约定的仲裁机构中选择确定一个仲裁机构,亦可正常进行仲裁程序。但若当事人无法共同确定一个仲裁机构,则该仲裁协议无效。之所以规定如此,是为了尽可能地遵循了当事人仲裁的意愿,提升了仲裁效率和市场活力。

2. 案例二

(1) 案情简介

2015 年 7 月 12 日北京某公司与上海某公司签订购销合同,合同争议解决条款约定"如双方就本协议内容或其执行发生争议,应进行友好协商;协商不成时,任何一方均可按照《合同法》在北京进行仲裁"。后双方因合同款项支付问题产生纠纷,上海某公司认为,由于位于北京的仲裁机构有两个,分别是北京仲裁委员会和中国国际贸易仲裁委员会,且双方未就仲裁机构的选择达成协商一致的补充协议,故根据《仲裁法》(2017 修正)第 18 条的规定,上述仲裁条款应无效,并向浙江省金华市中级人民法院确认仲裁协议效力。后法院认为,因北京有北京仲裁委员会和中国国际经济贸易仲裁委员会两家仲裁机构,且均可受理国内、国外争议案件,故该条款对仲裁机构的约定不明确,依据《仲裁法司法解释》第 5 条的规定,仲裁协议约定两个以上仲裁机构的,当事人可选择其中一个仲裁机构申请仲裁;当事人不能就仲裁机构达成一致的,仲裁条款无效。现双方对选择的仲裁机构不能达成一致意见,故约定的仲裁条款无效。

(2) 案例评析

本案涉及仲裁管辖权异议中"当事人约定了仲裁地点但未约定仲裁机构"的情形。

最高人民法院关于石家庄东方城市广场有限公司与香港拓能有限公司管辖异议一案法院是否有管辖权问题的批复中答复,"该合同中虽未写明仲裁委员会的名称,仅约定仲裁机构为'甲方所在地仲裁机关',但鉴于在当地只有一个仲裁委员会,即石家庄仲裁委员会,故该约定应认定是明确的,该仲裁条款合法有效。当事人因履行该合同发生纠纷,应提交仲裁解决,人民法院对本案不享有管辖权"。可见,当事人约定了仲裁地点但未约定仲裁机构的，并不必然导致仲裁协议的无效。

在这种情况下，仲裁地点和仲裁机构之间可能出现三种情况：一是当事人约定的仲裁地点没有常设的仲裁机构，二是当事人约定的仲裁地点仅有一家常设的仲裁机构，三是当事人约定的仲裁地点有两家及以上的常设仲裁机构。第一种情况下，仲裁协议当然无效。第二种情况下，可以根据约定仲裁时的实际情况合理推定出当事人选择的仲裁机构，此时仲裁协议有效。第三种情况下，仲裁协议本身的约定是不明的，但鉴于当事人的意思表示真实，应给予当事人选择仲裁机构的机会，只有当事人无法就仲裁机构选择达成一致时，该类仲裁协议才判定无效。

3. 案例三

(1) 案情简介

2016 年 3 月 4 日，南京某装修公司与业主签订装修合同，合同中争议解决条款约定："双方协商、调解不成的可通过 1 或 2 的方式解决，1. 提交合同签订地的基层人民法院；2. 合同签订地的仲裁机构"，后双方因房屋装修质量问题产生纠纷，业主至南京仲裁委员会立案，南京某装修公司提出管辖权异议，认为本案约定的"或裁或审"应属无效的仲裁协议，仲裁庭予以支持。

(2) 案例评析

本案涉及仲裁管辖权争议中的"当事人约定争议既可以向仲裁机构申请仲裁也可以向人民法院提起诉讼"情形。

《仲裁法司法解释》第 7 条规定："当事人约定争议可以向仲裁机构申请仲裁也可以向人民法院起诉的，仲裁协议无效。但一方向仲裁机构申请仲裁，另一方未在仲裁法第二十条第二款规定期间内提出异议的除外。"

仲裁与诉讼是两种具有终局效力的解决争议的方式，两者相互排斥，即当事人只能选择其中一种方式，这就是"或裁或审"原则。《仲裁法司法解释》规定"当事人约定争议可以向仲裁机构申请仲裁也可以向人民法院起诉的，仲裁协议无效。"《仲裁法司法解释》在贯彻"或裁或审"原则的同时，以但书的形式规定了一种例外情况："但一方向仲裁机构申请仲裁，另一方未在仲裁法第二十条第二款规定期间内提出异议的除外。"《仲裁法》(2017 修正)第 20.2 条的规定是："当事人对仲裁协议效力有异议，应当在首次开庭前提出。"也就是说，当事人在仲裁协议中虽然约定发生纠纷后或裁或审，但如果一方当事人申请仲裁而另外一方当事人在首次开庭前不对此提出异议，则"或裁或审"

的仲裁条款有效。

4. 案例四

(1) 案情简介

某房地产开发商企业与某市国土局于2003年2月12日签订出让合同。后该市国土资源信息中心出具改变用地条件调查表,认定该房地产开发商企业所占份额的地上建筑面积超出合同约定面积,要求该房地产开发商企业就超出面积应按合同约定楼面价补交出让金。该房地产开发商企业认为其容积率并未超出规定,且建筑面积并非其单方违规增加,而是经过了政府相关部门的批准,并提出仲裁申请,请求仲裁庭确认就其建设项目实际建筑面积经批准超出合同约定面积的具体面积,并要求根据合同约定标准确定补交土地出让金具体数额。该市国土局提出管辖异议,其认为合同中虽然约定了仲裁条款,但目前双方争议在于土地出让面积及土地出让金的确认,应当按照国家相关法规由国土部门确定,属行政管理引发的争议。仲裁庭经实际审理认为,该房地产开发商企业的仲裁请求事项属于行政审批的内容,不属于仲裁的范围。

(2) 案例评析

本案涉及仲裁管辖权争议中的"争议事项不可仲裁性"风险。仲裁作为现代社会多元化纠纷解决机制的重要组成部分,近年来发展势头迅猛,而争议事项是否具有可仲裁性则是仲裁能否正常开展的重要基础。争议事项的可仲裁性决定了仲裁协议的效力和仲裁裁决是否能得到承认和执行。依据《仲裁法》(2017修正)第3条之规定:"下列纠纷不能仲裁:(一)婚姻、收养、监护、扶养、继承纠纷;(二)依法应当由行政机关处理的行政争议。"对于婚姻、收养、监护、扶养和继承纠纷不能仲裁,虽然其属于民事纠纷,也一定程度上涉及了财产权益,但由于这类纠纷涉及了当事人本人不能自由处分的身份关系,故不属于仲裁机构的管辖范围。对于行政争议不能仲裁,因行政争议是指国家行政机关之间,或者国家行政机关与企事业单位、社会团体以及公民之间,由于行政管理而引起的争议。这类纠纷应当依法通过行政复议或行政诉讼解决。

(四) 防范对策

仲裁协议是当事人通过仲裁方式解决纠纷的前提条件,约定规范的仲裁协议是进行仲裁的基础,可以有效防范仲裁协议无效的法律风险。为避免瑕疵仲裁协议的产生，笔者认为可以从以下几个方面加以注意：

1. 仲裁协议中的仲裁机构应约定明确

“仲裁机构约定明确”，首先要求仲裁机构的名称应该准确或可推定。“选定的仲裁委员会”是仲裁协议的生效要件之一，我国《仲裁法》(2017 修正)第 18 条规定，对仲裁委员会没有约定或者约定不明确且达不成补充协议的，仲裁协议无效。很显然这是将对仲裁机构约定的明确性作为仲裁协议有效的强制性认定条件。但由于当事人受其自身法律知识和对仲裁制度、仲裁机构了解程度的局限，往往在订立合同时不能具体而明确地表述仲裁机构名称。虽然根据《仲裁法司法解释》的相关规定，当事人在仲裁协议中约定的仲裁机构名称不准确的，如果能确定具体的仲裁机构，应认定为选定了仲裁机构。但在实践中，约定的仲裁机构名称不准确，一方申请仲裁的，另一方经常会提出仲裁管辖权异议，不仅不利于快速解决纠纷，还存在因不能确定具体仲裁机构而致仲裁协议无效的风险。因此，仲裁协议中的仲裁机构名称应该约定准确。

“仲裁机构约定明确”，还要求仲裁机构约定唯一。根据《仲裁法司法解释》的相关规定，如果仲裁协议约定了两个或两个以上的仲裁机构，还需要当事人再次协商，共同选择其中一个仲裁机构，否则仲裁协议无效。但实务中，此时双方当事人因纠纷已产生而情绪对立，很难就此达成一致，因而往往导致仲裁协议无效，使当事人通过仲裁解决纠纷的愿望落空。因此，双方当事人在订立仲裁协议之初，就应约定唯一的仲裁机构。

2. 不以仲裁地点指代仲裁机构

实务中，仲裁地点和仲裁机构并不是一一对应的，因我国国内的仲裁机构并不按行政区划层层设立，可能会出现某地没有仲裁机构，而某地却有两个或两个以上仲裁机构的情况。前一情况下仲裁协议当然无效，后一情况下除非双方当事人进行补充约定，否则也属于无效仲裁协议，均不利于纠纷的有效解决。因此，当事人双方在订立仲裁协议时，应进行有效沟通，直接约定名称准确且唯一的仲裁机构，不以仲裁地点指代仲裁机构，以免仲裁协议无效。

3. 杜绝既约定仲裁又约定诉讼的情形

有的当事人在仲裁协议中约定争议既可以向仲裁机构申请仲裁也可以向人民法院起诉，这种情况一般会被认定为仲裁协议无效，除非一方申请仲裁后另一方未在规定期间内提出异议。虽然该除外规定一定程度上肯定了仲裁协议的效力，但实务中，另一方当事人在接到仲裁通知书后大多会提出异议，绝大部分情况下仲裁协议还是会被认定为无效。因此，为避免此类双重约定而致仲裁协议无效，应直接约定由某具体明确的仲裁机构仲裁。

三、当事人“不当行为”风险及其防范

（一）仲裁当事人

仲裁当事人是指因可仲裁的民事法律关系发生争议，以自己的名义参加到仲裁程序并受仲裁裁决约束的直接利害关系人。一般是指仲裁案件中的申请人和被申请人。仲裁当事人是仲裁法律关系的主体。

（二）法律风险与主要问题

仲裁当事人“不当行为”所涉法律风险，在实践中主要包括当事人一方恶意仲裁风险及当事人行为不规范导致的风险。

1. 当事人一方恶意仲裁

仲裁是依据双方当事人的约定解决纠纷的一种争议解决机制。仲裁过程中，当事人应当按照约定的仲裁规则，进行仲裁程序，促使争议尽快公正合理地解决。然而，实践中除非当事人在争议事项以外还有贸易交往，当事人大都会希望获得自己满意的裁决结果。由于裁决不同于合同的履行，很少出现“双赢”局面，故有些当事人就会采取不正当行为，进行恶意仲裁，以达到减轻或免除责任的目的。主要表现在：

(1) 利用财产保全措施胁迫对方当事人

仲裁的财产保全是指一方当事人为防止裁决难以执行，向仲裁机构提出申请，由仲裁机构将当事人的申请提交至有管辖权的法院，对另一方当事人的财产进行查封，从而保证胜诉方当事人及时获得应有的赔偿。这是对有关当事人的特定财产所采取的一种临时性的强制措施，其目的是保障仲裁裁决的执行，是法院对仲裁的一种支持措施。

实践中，有当事人利用财产保全措施实行仲裁胁迫行为。例如，一公司要求他公司解除合同，并承担违约责任。它在提起仲裁时先行提出财产保全，查封了他公司的银行账户，导致他公司无法取出相关流动资金用于

生产经营，同时申请人拖延提出仲裁程序，迫使他公司尽快解除合同、支付违约金。

(2) 在开始仲裁后，故意拖延或中断仲裁程序

仲裁的优势在于其速度和成本效益，速度快就意味着节约了时间成本。不同于法院诉讼，仲裁过程的具体程序可以由仲裁双方当事人约定或仲裁庭决定。虽然有些仲裁机构规定了仲裁期限，如《南京仲裁委员会仲裁规则》第51条规定："仲裁庭应当自组庭之日起四个月内作出裁决"。但该期限并非绝对的时限，有时仲裁庭为了保证程序的公正，不得不允许当事人延长期限的请求。

当事人一般还会有以下几种故意拖延程序的方式：不及时提交答辩状或逾期提起反请求，导致仲裁程序重新进行，耗费了各方的时间、成本和精力。当事人长时间、不断地向仲裁庭提供新的证据。虽然多数仲裁庭都规定了提交证据的期限，但基于仲裁"一裁终局"制度，为慎重起见仲裁庭不得不重新组织质证，从而使仲裁程序延长。

2. 当事人行为不规范

(1) 仲裁请求不规范

实践中，当事人对待自己提起的仲裁请求存在以下的不规范行为，具体表现在：① 当事人提起仲裁申请不符合法律规定的条件，仲裁机构就会不予以受理。如申请人提起仲裁请求，没有仲裁管辖依据。② 仲裁请求即使有仲裁管辖依据，但仲裁请求不明确、具体，甚至不可执行。例如申请人主张合同继续履行，但继续履行的具体内容不明确；申请人主张被申请人移交按照国家有关规定应当移交的工程竣工资料，但究竟应移交哪些资料未明确；申请人主张被申请人返还财产，如葡萄酒，但对何种品牌的葡萄酒、什么种类的葡萄酒等未予特定化等，如此这样就会导致仲裁请求即使得到支持，也在实践执行中面临着不可执行的风险。③ 当事人逾期改变仲裁请求。实践中当事人逾期提出变更、追加仲裁请求或者反请求，因超过仲裁规则规定或者仲裁庭指定的期限，会面临不被接受的风险。④ 仲裁请求超过仲裁时效。根据2017年10月1日施行《民法总则》的规定，当事人请求人民法院保护民事权利的期间一般为三年，申请人提起仲裁申请后，被申请人就会以申请人提出的仲裁申请已超过法律保护期间而主张驳回申请人的仲裁请求，如果申请人没有对时效中断提供证据证明就会面临败诉风险。⑤ 应主张的权益未主张。在仲裁机构的仲裁规则中一般都会规定裁决败诉方补偿胜诉方因办理

案件所支出的合理费用,包括但不限于差旅费、律师费等,如2016年《南京仲裁委员会仲裁规则》第55.4条的规定。当事人或其代理人未仔细了解仲裁规则,能主张而未主张相关请求的,如往往不主张律师费等,则仲裁庭不会处理,应得的利益也将因为当事人自己的不当行为,得不到实现。

(2) 不按规定缴纳仲裁费用

当事人申请仲裁时一般会按照仲裁受理通知书的规定缴纳仲裁费,但在增加、变更仲裁请求或提出反请求时,仲裁委或仲裁庭均会给予缴费期间,不按时预交费用的,仲裁庭将不会审理增加、变更的仲裁请求或反请求。另外,仲裁规则一般也会规定预交仲裁费用有困难的,可以申请提出缓交仲裁费用,如2016年《南京仲裁委员会仲裁规则》第8.3条的规定。但该申请需要通过批准,如申请未获批准仍不按时交纳仲裁费用或已批准但在缓交期限内未预交仲裁费用的,仲裁委员会将按自动撤回仲裁申请处理。

(3) 未认真行使申请仲裁员回避权、选择仲裁员的程序权利

实践中,当事人对于程序权利的行使存在不认真对待的现象。对于当事人在首次开庭前或在首次开庭后,发现仲裁庭的组成人员与案件有利害关系,或了解仲裁员有应披露未披露的情形,未及时提出回避申请,则超过上述期限的,有可能不被支持。选择仲裁员是当事人的一项重要权利,当事人可以从仲裁机构的仲裁员名册中选择仲裁员。但实践中,有些当事人对于此种权利要么放弃,要么随意从名册中选一个,没有针对自己的案件特点来选择相关专业领域的仲裁员来审理案件,存在漠视自己权利的问题,致使案件审理结果受到不利的影响。

(三) 案例与评析

1. 案情简介

某仲裁机构受理的一起买卖合同纠纷案件。申请人A公司要求被申请人B公司支付上千万美元的货款和利息。在仲裁庭开庭审理前,被申请人B公司向仲裁委员会提交了管辖权异议,主张A公司与B公司之间不存在有效的仲裁协议。鉴于被申请人B公司的管辖权异议涉及实体问题,仲裁委员会遂书面通知双方,该问题需要经仲裁庭实体审理后方可决定,根据相关仲裁规则的规定,仲裁委员会决定授权仲裁庭单独或在裁决书一并就管辖权异议作出决定。后仲裁庭进行了两次开庭审理,双方当事人已经充分举证、质证并发表各自的意见。但在仲裁庭已经结束审理进入合议裁决阶段之际,被

申请人 B 公司却突然向中级人民法院提出申请，要求确认仲裁协议无效，并以此为由申请仲裁委员会中止仲裁程序。仲裁委员会收到中级人民法院的函件后，不得不向双方当事人发出《中止程序函》，将仲裁程序予以中止。但法院根据《仲裁法》(2017 修正)第 20 条规定“当事人对仲裁协议的效力有异议的，可以请求仲裁委员会作出决定或者请求人民法院作出裁定。一方请求仲裁委员会作出决定，另一方请求人民法院作出裁定的，由人民法院裁定”，认定当对仲裁协议的效力有异议时，同一方当事人或请求仲裁委员会作出决定，或请求人民法院作出裁定，二者是不可逆的选择，只能择其一。鉴于 B 公司既已向仲裁委员会提出管辖权异议申请，且仲裁委员会已明确授权仲裁庭作出管辖权决定，故 B 公司不能再向法院提出同样内容的申请。裁定驳回 B 公司的申请。

2. 案例评析

本案属于仲裁当事人故意运用法律的相关规定，以拖延仲裁程序的情形。被申请人 B 公司的上述申请，使得申请人 A 公司陷入困境。一方面，A 公司提起的仲裁程序被中止，损失继续扩大；另一方面，A 公司还需要应对 B 公司新开的另一战场，即确认仲裁协议效力的法院诉讼。虽然本案，被申请人的申请得到法院的受理，但从法院裁定结果看，体现了法院“支持仲裁”的精神，并给此类申请确认仲裁协议效力案件予以了明确的回复，防止类似当事人利用法律规定故意拖延仲裁程序，有效保障了当事人正当的程序性权益。

(四) 防范对策

1. 仲裁请求要明确、具体、可执行

仲裁请求是申请人提出需要保护的权益的内容，也是申请人希望通过申请仲裁所要达到的目的。对于申请人而言，(1) 仲裁请求的提出要基于双方签订仲裁协议来进行，要符合申请仲裁的形式条件，保证申请人提出的仲裁请求具有管辖依据。(2) 仲裁请求必须要明确、具体、可执行。对于继续履行合同的仲裁请求，要写明继续履行的具体内容是什么；对于要求被申请人恢复原状的仲裁请求，必须要明确原状是什么；对于返还财产的仲裁请求时，要对主张返还财产的名称、数量、规格等特定信息进行明确；对于要求被申请人支付逾期违约金或者逾期利息损失的仲裁请求时，应对支付违约金或者利息的标准进行明确；对于要求被申请人移交按照国家有关规定应当移交的工程竣工资料的仲裁请求时，应对资料的名称、数量及内容等进行明确等。(3) 如果当事人在仲裁程序进行过程中需要增加、变更或者提出仲裁反请求，应该在受案仲裁机构规定的期限内提出相应的主张，以避免逾期提出而导致的不利后果。(4) 对于被申请人以申请人提出的仲裁请求已过仲裁时效的抗辩，对于申请人而言，必须提供证据证明时效中断，以维护自己的合法权益。(5) 如前文所提及的现行《南京仲裁委员会仲裁规则》规定仲裁庭有权根据当事人的请求在裁决书中裁决败诉方补偿胜诉方因办理案件已支出的合理费用，包括但不限于公告费、查档费、差旅费、律师费等，那么对于当事人而言了解仲裁规则是重要的，在此基础上，可以决定是否将其为办理仲裁案件而支出的合理费用作为一项仲裁请求来主张。

2. 及时缴纳仲裁费用

当事人申请仲裁时，应当按照受案仲裁机构的仲裁收费相关规定预交仲裁费用。对于当事人在仲裁程序进行过程中提出的要追加、变更仲裁请求及反请求时，应当按照仲裁机构或者仲裁庭的要求及时缴纳相应的仲裁费用，以保障仲裁庭能够及时对当事人提出的追加、变更仲裁请求及反请求进行审理。

3. 选择合适的仲裁员

《仲裁法》(2017 修正)第 13 条规定了仲裁员的任职条件，“(一) 从事仲裁工作满八年；(二) 从事律师工作满八年；(三) 曾任法官满八年的；(四) 从事法律研究、教学工作并具有高级职称的；(五) 具有法律知识、从事经济贸易等专业工作并具有高级职称或者具有同等专业水平的”。从此条看，“三个八年、两个高级”已表明仲裁员任职资格是非常严格的，但实践中也会遇到这样的情况，比如专门从事法理教学、行政法、刑事法教学研究，其也具备了高级职称，按照法律规定是可以被聘为仲裁员，但仲裁员各自擅长的专业领域并不相同，有的是知识产权领域的专家，有的是建设工程领域的专家等，所以对于当事人而言，尤其在普通程序中仲裁员的选定上，应选择专业合适的仲裁员，让专业的仲裁员审理专业的案件，从而保证案件结果的公正、合理。

4. 认真行使回避权利

当事人发现仲裁员有《仲裁法》(2017 修正)或者仲裁规则规定的应当回避情形，应及时通过书面的形式向仲裁机构提出回避申请，申请应说明理由，并提交相关证据，以使案件能得到公正处理。

5. 积极应对对方当事人提出的管辖异议

仲裁管辖是仲裁程序进行的基石和条件。没有仲裁管辖权，即使做出了裁决书，也可能被法院撤销或者拒绝执行。对于被申请人而言，他可以对仲裁协议的存在、效力或者仲裁机构对案件的管辖权提出异议，这是法律赋予的一项程序权利。但对于以拖延为目的的管辖异议，申请人应熟悉相关规定，积极应对。如，根据现行的《南京仲裁委员会仲裁规则》第 7 条的规定，当事人提出管辖权异议不影响仲裁程序的进行。对被申请人提出的管辖异议，申请人应积极进行回应，以保障仲裁程序的有序进行。又如，在有的仲裁案件中，被申请人公司已经就仲裁协议的效力向仲裁庭提出异议，且仲裁庭进行审理并作出决定，这时被申请人再向法院申请确认仲裁协议效力，不符合我国相关法律、法规的规定以及司法实践，法院应驳回被申请人的申请。所以对于试图通过向仲裁机构和法院先后申请确认仲裁协议效力以拖延仲裁程序的企业，如果出现类似情况，对方当事人完全可以采取积极的应对思路，从而有效保障自身的合法权益。

四、仲裁裁决被司法否定的法律风险及其防范

（一）仲裁裁决司法审查及相关法律规定

仲裁裁决的司法审查包括两方面，即对撤销仲裁裁决申请的审查与对被执行人提起不予执行仲裁裁决申请的审查。

申请撤销仲裁裁决是指在仲裁裁决作出后，当事人认为该裁决存在法律规定的应予撤销的情形，向有管辖权的法院申请撤销该裁决。法院审理后作出撤销或不予撤销的裁定。仲裁裁决不予执行是指在被申请人提出证据证明仲裁裁决存在《民事诉讼法》(2017 修正)第 237.3 条规定的情形的，人民法院裁定不予执行。仲裁裁决被人民法院撤销或不予执行的，当事人可以根据双方达成的书面仲裁协议重新申请仲裁，也可以向人民法院起诉。

（二）法律风险与主要问题

不同于法院的两审程序，仲裁一裁终局，仲裁裁决自作出之日起生效，法律规定了外部的司法审查来监督仲裁的公平、公正。司法审查制度给仲裁当事人带来的风险，主要包括仲裁裁决被撤销的风险，以及仲裁裁决被不予承认和执行的风险。

1. 仲裁裁决被撤销的法定事由

《仲裁法》(2017 修正)对仲裁裁决被撤销的法定事由从程序和实体两方

面进行了规范。

程序方面的事由包括：

(1) 没有仲裁协议的。例如债权债务转让过程中各方对仲裁协议的态度可能使得受让人不受仲裁协议约束，存在没有仲裁协议的情形；当事人在约定仲裁协议时，通常情况下是概括约定管辖，但如果在同一仲裁条款中就不冲突的部分进行了不同的管辖约定，例如"有关合同责任的承担，由北京仲裁委员会管辖；但关于责任情形的认定，由人民法院管辖"，或当事人在合同和补充协议中约定了不同的争议解决方式，则需注意裁决内容是否超出仲裁协议的范围。

(2) 裁决的事项不属于仲裁协议的范围或者仲裁委员会无权仲裁的。婚姻、收养、监护、扶养、继承纠纷以及应当由行政机关处理的行政争议，属于仲裁委员会无权仲裁的范围。

(3) 仲裁庭的组成或仲裁的程序违反法定程序。主要在仲裁文书的通知以及答辩、举证、仲裁员选定的程序权利保障等方面可能出现违反法定程序的情形。

(4) 仲裁员在仲裁该案时有索贿受贿，徇私舞弊，枉法裁决行为的。

涉及实体方面的法定事由包括：裁决所根据的证据是伪造的，对方当事人隐瞒了足以影响公正裁决的证据的，以及裁决违背社会公共利益的。

仲裁裁决一旦被法院撤销，不论当事人仍然通过仲裁解决纠纷，还是通过诉讼解决纠纷，都需要更长的时间，这与当事人选择仲裁方式的初衷是相悖的。

2. 仲裁裁决不予执行的情形

对于仲裁机构作出的裁决，一方当事人不履行的，对方当事人可以向有管辖权的人民法院申请执行。在申请执行程序中，被申请人举证证明裁决存在法律规定的应不予执行的情形的，法院裁定不予执行。需要注意的是，申请撤销仲裁裁决的期限为收到裁决书之日起六个月内，而申请执行的期限为履行期届满之日起二年内，即仲裁裁决的履行义务人一方如未主动履行裁决事项，即使未在六个月内提出申请撤销裁决，也可在对方当事人申请执行阶段提出不予执行申请，给裁决的执行带来风险。在 2012 年《民事诉讼法》修订后，关于裁决不予执行的法定事由和撤销裁决的法定事由已一致。

除法律上规定的不予执行事由之外，仲裁裁决还有可能面临事实上的无法执行，即因请求不明确导致裁决事项不具有可执行性。《最高人民法院关于适用〈民事诉讼法〉的解释》规定，当事人申请人民法院执行的生效法律文书应当具备下列条件：一是权利义务主体明确；二是给付内容明确。法律文书确定继续履行合同的，应当明确继续履行的具体内容。该司法解释还规定，例如无法返还原物而双方当事人对折价赔偿不能协商一致的，或者给付的财务、票证在他人持有期间毁损、灭失的，人民法院应当终结执行程序，申请执行人可以另行起诉。如在仲裁审理中，当事人未能对仲裁请求进行明确，或者要求继续履行已不可能，可能导致裁决无法执行。

（三）案例与评析

1. 案情简介

市场服务中心与某台资公司A公司于2015年9月10日签订的《仲裁条款补充约定》中载明“申请人、被申请人同意本案由××仲裁委员会仲裁”。市场服务中心的仲裁请求为：一、确认A公司伪造市场服务中心公章、公文、假冒市场服务中心名义，将市场服务中心五本房屋权证（长房权证号00××13、00××43、71××26、00××24、71××74）抵押贷款行为无效。二、责令A公司向市场服务中心登报赔礼道歉，并立即向房屋登记机关申请办理上述房屋抵押撤销手续，并归还被抵押的房屋产权证。（其余仲裁请求略。）（2015）×仲裁字第971号裁决内容为：一、确认A公司利用虚假材料欺骗房屋登记机关，办理五本房屋权证（长房权证号00××13、00××43、71××26、00××24、71××74）的抵押行为无效。二、A公司应在收到本裁决书之日起三日内，到房屋登记机关办理撤销上述第一项裁决的五本房屋权证的抵押担保手续，并将上述房屋权证原件归还给市场服务中心。

法院认为，仲裁协议应是双方明确、自愿地将争议提交仲裁解决的意思表示。虽然市场服务中心和中南公司之间签订了仲裁协议，但申请人与被申请人之间约定的仲裁事项仅对双方之间的争议有约束力，对涉及案外人（抵押权人）的抵押行为并无约束力。仲裁庭对抵押事实进行审理并作出裁决，超出了申请人与被申请人之间约定的仲裁协议的范围，故对涉及抵押部分应予撤销。

2. 案例评析

在日常的生活或商务活动中，同一个法律事实中，可能存在多个民事主体、签订多份合同的情形，为了避免约定的争议解决方式不一致，造成维权成本的浪费，当事人应当尽可能选择相同的纠纷解决方式、相同的管辖，以便一并处理解决纠纷。本案申请人如若能够提前与被申请人、抵押权人共同签订仲裁协议，除了简化救济途径，节省成本外，还可避免超裁以致裁决被部分撤销的风险。

（四）防范对策

仲裁司法审查中的风险防范主要是对仲裁裁决被撤销以及仲裁裁决不予执行的风险防范。

为避免仲裁裁决被撤销，当事人应当注意确保仲裁协议的存在、成立及有效；保证裁决的事项属于仲裁协议的范围或仲裁委员会有权仲裁；仲裁庭的组成或仲裁的程序没有违反法定程序；确保提交仲裁庭的证据的合法性、真实性；避免与仲裁庭成员有不当联系等。

避免出现《仲裁法》（2017 修正）第 58 条、《民事诉讼法》（2017 修正）第 237 条规定的仲裁裁定不予执行情形，即：

“当事人在合同中没有订有仲裁条款或者事后没有达成书面仲裁协议的；裁决的事项不属于仲裁协议的范围或者仲裁机构无权仲裁的；仲裁庭的组成或者仲裁的程序违反法定程序的；裁决所根据的证据是伪造的；对方当事人向仲裁机构隐瞒了足以影响公正裁决的证据的；仲裁员在仲裁该案时有贪污受贿，徇私舞弊，枉法裁决行为的。

人民法院认定执行该裁决违背社会公共利益的，裁定不予执行。裁定书应当送达双方当事人和仲裁机构。仲裁裁决被人民法院裁定不予执行的，当事人可以根据双方达成的书面仲裁协议重新申请仲裁，也可以向人民法院起诉”。

五、跨域仲裁法律适用的风险及其防范

（一）跨域仲裁

本节所称“跨域仲裁”，仅指大陆涉台案件的仲裁。两岸有关仲裁的法律规定和实务操作有很大不同，直接体现在仲裁协议的效力、仲裁程序、仲裁裁决的认可和执行中。当事人如何实现权利最大化、降低法律风险，就成为必须面对的问题。

(二) 法律风险与主要问题

跨域仲裁法律适用风险主要包括：

其一,仲裁协议效力适用法律的风险。

就大陆法律规定而言,涉外仲裁中,当事人可以协议选择仲裁协议适用的法律;当事人没有选择的,适用仲裁机构所在地法律或者仲裁地法律。但是,如果当事人没有选择仲裁协议适用的法律,而选择的仲裁机构和仲裁地又不一样,那么对于该案的法律适用该作何解释(如：选择南京仲裁委员会为仲裁机构的同时又选择台北为仲裁地)？相关仲裁协议是否有效？则没有现成的冲突法律规定可以适用,是当事人应当考虑的法律风险之一。

其二,仲裁地法律与选择适用法律的冲突。

与审查仲裁协议效力适用法律类似的是纠纷适用法律的问题。此类情况最为常见的是,当事人在仲裁协议中明确选择了适用法律,但与仲裁机构所在地法律不一致,如：选择南京仲裁委员会适用香港地区法律进行仲裁,或者选择香港国际仲裁中心适用大陆地区法律进行仲裁。一般来说,由于当事人自愿原则,出现此类选择的仲裁协议并不必然无效,但是根据个案的不同,仍有可能在司法审查相关案件时产生“非内国仲裁”的困惑,而为当事人在行使法律救济权利时产生不必要的风险。

其三,认可和执行跨域仲裁裁决中的风险

对仲裁裁决的认可和执行是跨域仲裁案件中较为显著的问题,由于裁决结果的实现涉及切身利益,也是当事人最为重视的问题。目前,大陆与台湾地区并没有形成有关相互认可和执行仲裁裁决的一致意见,双方对认可和执行跨域仲裁裁决的审查标准并不对称。大陆法院对涉台仲裁裁决的审查,限于仲裁协议效力、程序性问题以及是否违反“一个中国”原则的审查,且有明确的法律性文件规定。而台湾对涉大陆仲裁裁决的审查则以是否违背台湾地区之公共秩序和善良风俗作为唯一标准,相对于大陆来说,内容极为含糊,使得大陆仲裁裁决在台湾的执行充满了不确定性,且台湾法院可以据此进行实体性审查。此外,台湾法院也并不承认大陆仲裁机构裁决的既判力。

(三) 案例及评析

1. 案情简介

中国大陆 A 公司与台湾 B 公司于 2011 年签订了一份《货物买卖合同》,

合同第25条约定争议提交内地C仲裁委员会仲裁,仲裁地在祖国大陆,但对仲裁条款应适用的法律未作约定。后因货物质量问题双方发生纠纷,大陆A公司依仲裁条款向C仲裁委提起仲裁,但台湾B公司主张仲裁条款无效并向中国大陆法院申请确认仲裁条款无效。

2. 案例评析

本案涉及仲裁案件适用法律问题。

根据《法律适用法》第18条规定:"当事人可以协议选择仲裁协议适用的法律。当事人没有选择的,适用仲裁机构所在地法律或者仲裁地法律。"《法律适用法司法解释》第14条进一步明确规定:"当事人没有选择涉外仲裁协议适用的法律,也没有约定仲裁机构或者仲裁地,或者约定不明的,人民法院可以适用中华人民共和国法律认定该仲裁协议的效力。"

据此,祖国大陆法律对当事人没有约定案件适用法律的情形做了比较明确的规定,主要遵循了三步顺序原则:第一,意思自治;第二,仲裁机构所在地或仲裁地法;第三,中国大陆法律。这个原则与国际商事仲裁的通行惯例是接近的——国际商事仲裁的通行惯例是,在当事人未对准据法作出约定时,先由仲裁地法确定仲裁协议的效力,仲裁地不明的,再由法院地法律确定。

根据上述三步顺序原则,该案中双方没有约定适用的法律,所以就谈不上第一步的意思自治,则适用第二步的仲裁机构所在地法律,该案的仲裁机构是内地C仲裁委员会,所以适用中国大陆法律。据此法院根据中国大陆法律的规定对仲裁条款的有效性进行了认定。

(四) 防范对策

针对跨境仲裁中存在的三种类型的风险,主要防范意见如下:

其一,针对仲裁中适用法律约定的风险,建议台商在签订仲裁协议时,明确约定适用的法律,尽量保证选择的仲裁机构和仲裁地的一致性。如果存在没有约定适用法律,且选择仲裁地或仲裁机构不一致情况,需要考量自身追求的法律效果与我国司法实践是否一致。

大陆现在司法实践中的主流观点是"仲裁地标准",即涉外仲裁当事人约定法律适用不明,且约定的仲裁地与仲裁机构所在地不同的,适用仲裁地法律规定。但现实中,往往因为没有明文规定,仍会给此类案件的处理带来风险。故建议在约定跨域当事人之间的仲裁协议时明确争议适用法律,且尽可能选择仲裁地法律，以避免日后在处理可能发生的争议时，因适用法律的问题给争议解决本身带来不必要的麻烦。

其二，针对仲裁地法律与选择适用法律冲突的风险，与上一问题解决路线类似，如可能的话，最好将仲裁地法律作为选择适用的法律。

其三，关于仲裁裁决的认可与执行问题。

最高人民法院在2015年出台了有关认可和执行台湾地区仲裁裁决的规定，但该规定是大陆单方的规定。根据该规定，大陆法院对涉台仲裁裁决的既判力是予以认可的，如果法院已受理认可台湾仲裁裁决的申请，当事人就同一争议提起诉讼的，法院不予受理。

台湾对大陆仲裁的执行和认可，目前适用的是1992年《台湾地区和大陆地区人民关系条例》，但该条例并未对既判力作出规定，也就是说，即使大陆的仲裁裁决已经在台湾得到执行，但当事人仍可以就同一争议事项在台湾另行起诉或仲裁。此外，对于在大陆和台湾之间相互申请仲裁裁决执行之前，需先行对仲裁裁决进行认可或验证，即先行完成对仲裁裁决真实性、合法性的认可，之后才能进入执行程序。

六、仲裁自身特点所致风险及其防范

（一）仲裁自身特点所致风险的具体表现

目前，实践中因仲裁自身特点可能造成当事人法律风险的情形主要有两种：一是仲裁庭调查取证能力的限制，二是第三人制度的缺失。

一般意义上的调查取证是指当事人及其诉讼代理人、法院、检察院、公安机关等，根据法定的程序，运用科学的方法，对能证明案件真实情况的客观事实进行发现、调查，并予以提供、提取、固定的行为，调查取证是获得证据的重要方式。仲裁庭的调查取证可以理解为在仲裁的过程中，仲裁庭依法进行调查取证的行为。

仲裁的基础是双方当事人的仲裁协议，仲裁协议双方当事人之外的案外人，能否进入仲裁程序呢？在诉讼中，符合《民事诉讼法》(2017修正)第56条规定情形的，第三人可以加入到正在进行的诉讼中，但在仲裁实践中，囿于仲裁协议的相对性及相对严格的司法审查制度，国内大部分的仲裁机构对于仲裁第三人持谨慎态度，鲜有仲裁机构的规则有关于第三人的明确规定，大部分是以追加当事人的方式引入第三人，因而可以说国内目前没有实质意义上的仲裁第三人制度。

（二）法律风险及主要问题

1. 仲裁庭取证难

根据《仲裁法》（2017 修正）的规定，仲裁庭认为有必要收集的证据，可以自行收集。但实践中，仲裁庭虽然拥有收集证据的权力，但由于法律规定不明确、具体，权力行使的方式、范围、程序等事项都未予以明确规定，实践中，仲裁庭往往面临着取证困难的问题，而仲裁庭的取证困难，会对当事人造成不利影响。

2. 第三人进入仲裁程序

实践中，在涉他合同纠纷、债权债务转让纠纷、代位权纠纷、代位求偿权纠纷、涉及分支机构的纠纷、清算中涉及仲裁的纠纷中，出现了大量仲裁第三人的情况。由于我国现行仲裁法没有明确规定仲裁第三人，因而涉及第三人时，在无法达成共同的仲裁协议的情况下，无法将第三人引入仲裁程序，存在事实无法查明，对当事人利益保护不充分的风险。

（三）案例与评析

1. 案例一

（1）案情简介

2011 年 10 月 31 日，北京某公司与南京某公司签订《地铁工程施工安全监控系统基础硬件设计及技术服务项目合同文件》，约定北京某公司向南京某公司采购南京地铁工程施工安全监控系统基础硬件设备，并由南京某公司提供相应的技术服务。

合同签订后，北京某公司按照合同第 3.6 条的约定，分别于 2012 年 1 月 6 日和 2012 年 8 月 10 日分两次向南京某公司支付合同全额设备款 271 380.60 元，但南京某公司最终却未依据合同约定向北京某公司足量供货。南京某公司认为其实际交付设备总价应为 145 185 元，其中包含 4 000 元辅材。超付的款项北京某公司自认为 130 195.60 元，但认为不存在还应另计 4 000 元辅材的问题，辅材是含在总价 141 185 元里的，不应该单独计算。

北京某公司提出仲裁请求：1. 裁决南京某公司退还北京某公司超付设备款 130 195.6 元及自 2012 年 8 月 31 日至实际退还之日止，按照同期银行贷款利率支付利息损失。2. 裁决南京某公司承担本案仲裁费用。

对于南京某公司提出的4 000元辅材问题，南京某公司于2016年1月10日向仲裁庭提交申请书，申请向南京市某局调取相关证据，南京市某局于2017年1月18日回复称该证据资料的原件由南京地铁集团有限公司存档，建议向南京地铁集团有限公司调取。经与南京地铁集团有限公司联系，未能取得该证据。被申请人认为交付设备总价中应另计4 000元辅材，但是并没有提供证据予以证明，因此对于被申请人主张交付设备总价中应另计4 000元辅材不予支持。

(2) 案例评析

本案是有关仲裁庭调查取证权局限性所致的法律风险。

本案中，由于仲裁庭没有取得关键性证据，只能由当事人对于自己主张的事实提供证据予以证明。

2. 案例二

(1) 案情简介

2013年，自然人甲与乙共同出资设立公司丙，甲与乙另行签订协议，约定在丙存续期间，任何一方不得开展同类业务，否则应向丙支付违约金100万元，并约定发生争议向某仲裁委员会申请仲裁。2015年，甲发现乙开展同类业务后，双方进行了沟通，乙将所持股份转让给甲。随后丙以自己的名义申请仲裁，要求乙向丙支付违约金100万元，同时丙认为甲与本案具有直接的利害关系，故请求将甲列为第三人。

(2) 案例评析

本案中，丙能否以自身名义对乙提起仲裁？如丙可以申请仲裁，甲在本案中的地位如何确定？因而就涉及仲裁第三人界定问题。

仲裁第三人有其特殊性，具体而言：(一) 仲裁第三人受到仲裁协议的限制，加入仲裁程序存在法律上的困难；(二) 仲裁第三人如何加入仲裁程序、仲裁第三人加入仲裁程序后的权利义务，如指定仲裁员、申请撤销仲裁裁决等权利如何确定，与基于法定的诉讼第三人均存在不同。

实践中认为，仲裁参与人首先必须是共同的仲裁协议的当事人，否则在现实的法律环境及司法审查中，依此作出的裁决将有极大的被撤销可能性，这是任何仲裁机构都无法忽视的问题，因而在现行的法律框架下，狭义的仲裁第三人应是指与仲裁当事人之间具有共同的仲裁协议，案件的处理结果与其有法律上的利害关系，为保护自己的合法权益而参加到仲裁程序中的人。

然而，在仲裁实践中大量出现的非共同的仲裁协议当事人的“案外人”如何以“第三人”的身份进入仲裁程序的问题，在现行法律制度下，无法解决。

在仲裁实践中出现大量的涉及第三人的案件，如保险合同纠纷、担保合同纠纷、债权转让纠纷等，实践处理并不一致，如保险合同纠纷，投保人与被保险人或者受益人不一致的情形下，被保险人或受益人并非保险合同的表面签字人，发生保险事故后，被保险人依据保险合同申请仲裁，实践中并未予以禁止。而对于担保合同纠纷，最高人民法院则认为主合同的仲裁条款不能涵盖担保合同，超裁部分应予撤销。因而，对于非仲裁协议表面签字人能否加入仲裁程序，缺乏统一尺度，各地法院对仲裁裁决的司法审查也存有一定的随意性。

（四）防范对策

针对仲裁庭取证困难可能导致当事人的法律风险，首先建议台商在选择仲裁的时候，准备充分的证据。一般情况下当事人负有对自己的主张提供证据加以证明的义务，否则承担不利的法律后果。其次，在证据可能灭失或以后难以取得的情况下，可以申请证据保全。

针对第三人的问题，建议在签订仲裁协议时，应将相关合同关于争议解决条款的约定统一，避免因约定不一致造成无法引入第三人，同时，在遇有第三人的情形时，要充分运用仲裁规则的规定，通过适当方式追加当事人，如南京仲裁委员会仲裁规则（2016 年 4 月版）第 16 条“追加当事人”规定：“（一）仲裁庭组成前，经本会同意，当事人可以依据相同仲裁协议在案件中申请追加当事人。（二）申请追加当事人应当提交追加当事人申请书，申请书的内容及受理、答辩等事项，参照本规则第八条至第十二条的规定办理。（三）仲裁庭组成后，除非申请人、被申请人及被追加的当事人均同意，否则不再接受追加当事人的申请。”

后　　记

为总结和提升台商服务工作经验，深化依法协调处理涉台案件的探索与实践，2017 年 3 月，江苏省台办、东南大学及南京仲裁委员会共同组成编委会，组织撰写本书。针对台商在江苏投资所面临的共性法律风险，特别是纠纷领域类型特定化、涉法问题认知缺失化的主要特点，编委会就书稿体例的确定、案例的选取和风险提示的深度与广度进行了多次研讨与数次调整，最终形成了由近五十个典型案例组成的以案说法、典型案例评析性的普法书籍。

本书编写工作得到了江苏省台办、东南大学和南京仲裁委员会的高度重视，以及江苏省法学会港澳台法律研究会的大力支持，省台办王鲁宁副主任、东南大学周佑勇副校长、南京仲裁委员会李华副主任对本书总体框架、内容体例等提出意见和要求，明确了主要内容和指导思想，并对本书进行修改和最终审定。

本书由江苏省法学会港澳台法律研究会会长、东南大学法学院肖冰教授担任主编，负责大纲拟定、全书统稿以及第一至第六部分初稿的重新撰写与修改。于文婕副教授协助负责重新撰写、统稿校对等。杲沈洁（第一部分）、徐可（第二部分）、朱橙（第三部分）、俞梦丹（第四部分）、周平阳（第五部分）、鲍武杰（第六部分）承担了相应部分的初稿撰写工作。王昕、高涵、于丽玲、高雅瑾、蔡诗宇、张望、王莉、袁诗吟、王传柱、栾静、李越参加了第七部分的编写工作。

在组编过程中，江苏省台商服务中心尹伟林、金成富、马春晖参与了编写规划讨论、资料整理、书稿编写和修改，贾宁昌和李文星筛选了大量案例材料；南京仲裁委员会施展辉、姜建成、董黎明、王玉子参与了部分书稿的写作与修订。

本书参考和借鉴了国内外专家学者的研究成果，由于能力和水平所限，不足和疏漏之处在所难免，敬请各位专家和读者批评指正。

编　者
2018 年 8 月